Animation

interconnections

Animation

Traumjob oder Vagabundentum?

Morgenmeeting, Nachtproben und glühende Kurven

Michael Oschmann

interconnections

Ratgeber für alle künftigen Animateure und Amateurinnen

Jobben in der Animation, Betreuung von Kindern, Erwachsenen, Senioren, im Sport, Hotelanlagen, Ferienclubs, auf Campingplätzen
Wer träumte nicht davon, seine Koffer zu packen, alles stehen und liegen zu lassen und frei zu sein? Doch der Traum von Sommer, Sonne, Strand und Paradies entpuppt sich vielleicht schon bald als anstrengende Arbeit.
Hier wird beschrieben, was einen erwartet. Bewerbung, Adressen, Agenturen, sich Strategien für Einsteiger und immer ein Blick hinter die Kulissen. Viel Praktisches, wie das Zusammenleben mit den Kollegen, Aufgabengebiete, Regeln und Tabus, Kategorien von Gästen uvm.

Impressum
Reihe Jobs, Praktika, Studium Bd 65
Animation — Traumjob oder Vagabundentum?,
Morgenmeeting, Nachtproben und glühende Kurven
Michael Oschmann

ISBN 978-3-86040-203-0
2013-2014

Fotos: Fotolia

interconnections, Schillerstr. 44, 79102 Freiburg
Tel. +49 761 700 650, Fax +49 761 700 688
info@interconnections.de
www.interconnections-verlag.de
www.reisetops.com

Inhaltsverzeichnis

Vorwort

Wenn einer eine Reise tut, dann kann er was erzählen. Wenn einer dreieinhalb Jahre als Animateur in Europa unterwegs war, dann kann er ein Buch schreiben. Genau das dachte ich mir, als ich aus meinem letzten Einsatz in Griechenland auf Kreta zurückkehrte, denn ich war Animateur.

Viele fragen, warum ich mit diesem Job aufgehört habe, viele verstehen gar nicht, warum ich ihn überhaupt erst begonnen hatte. Aber eins steht fest, es waren die besten Jahre meines bisherigen Lebens.

Als ich zum ersten Mal ansprach, Animateur werden zu wollen, stieß ich auf Unverständnis. Viele hatten das nicht von mir erwartet, da ich eher ein ruhiger, zurückhaltender Zeitgenosse war. Andere wiederum lachten und waren der Meinung, dass ich ab nun mit einem Volleyball unterm Arm um den Pool renne, Gäste von den Liegen zerre und abends feiern gehe. Was ich genau machen sollte, wusste ich selber nicht, da ich noch nie einen richtigen Cluburlaub gemacht hatte. Recht spontan und ganz nach dem Motto „ich war noch niemals in New York“, bewarb ich mich via Internet bei fast zwei Dutzend Reiseveranstaltern. Schon auf den Internetseiten bei den Bewerbungsvorlagen, ließ sich erahnen, wie viele Veranstalter zusammengehören, alles in allem bekam ich nicht einmal zehn Antworten, aber alle waren gewillt, mich zu einem Vorstellungsgespräch einzuladen.

Ich nutze das Schreiben, um die vielen Eindrücke zu verarbeiten und mich damit abzufinden, dass es war und leider nicht mehr ist. Die ersten Monate nach der Animation habe ich nur in der Fantasie gelebt. Dies hier alles zu schreiben hat mir eine neue Stabilität gegeben. Es war immer im Stadium der Veränderung und wurde ständig umgeschrieben. Das Schwerste war es, das riesige Knäuel aus Gedanken und Erinnerungen in eine Reihenfolge zu bekommen!

Alles was ich verfasste, kam aus meinem Gedächtnis, ich habe nie Tagebuch geführt und ärgere mich schon jetzt über alles, was mir im Nachhinein noch einfallen wird. Alles was hier steht ist mit einem ironischen Unterton geschrieben. Ich möchte niemanden schlecht machen oder beleidigen, allerdings werden sich manche Leute, deren Bekanntschaft ich in den dreieinhalb Jahren machte, wiedererkennen.

Manchmal, wenn ich über diesen Zeilen saß, hätte ich vor lauter Sehnsucht an diese Zeit alles hingeworfen, und am liebsten wäre ich wieder ins Ausland gegangen. Aber ich musste mich zusammenreißen und in die Nachtschicht gehen.

In der Zeit in diesem Job, der gelebt und erlebt werden muss und man ihn kaum in Worte fassen kann, habe ich die unterschiedlichsten und interessantesten Menschen kennengelernt und erfahren, dass Animation auch harte Arbeit bedeuten kann.

ANIMATION

Zeit der Selbstfindung

Worum geht´s?

Die meisten Bewerber um eine Animateurstelle im Ausland flüchten vor etwas oder sie sind auf der Suche nach etwas, was ihnen hierzulande nicht geboten werden kann. Sie suchen einen Job an der Sonne zwischen Sport und Shows, zwischen Morgenmeeting und Nachtproben. Weg von der gewohnten Umgebung, den Freunden und der Familie, und was mich selbst angeht weit weg von dem typisch deutschen eingefahrenen Alltag. Das Leben soll ja nicht nur Schall und Rauch sein.

Fast alle nehmen trotz viel Arbeit, Stress und Ärger eine tolle Erfahrung mit. Man spielt auch immer wieder mit dem Gedanken, es noch mal zu wagen, noch mal ins Ausland zu gehen, noch mal eine Saison zu erleben. Es ist wie eine Droge und mit dem Leben daheim nicht vergleichbar. Man stößt an seine psychischen und teilweise physischen Grenzen, da viele erst vor Ort merken, was es heißt von, zu Hause weg zu sein und nach einem anstrengendem Tag noch zwei Stunden zu proben. Wenn dann alles gut läuft, ist man ein Star für die Gäste und Autogramme geben auf Shirts und CDs gehört mit zum täglichen Geschehen. Man wird fotografiert, teilweise verehrt und fast jeder kennt den Namen. Also ist es nicht leicht, ins „normale" Leben zurückzukehren, wo man nur einer unter vielen ist und mit den gewonnenen Fähigkeiten meist nur wenig anfangen kann. Erst kürzlich bezeichnete es jemand als Zeit der Selbstfindung.

Zurück zu Hause hat sich viel verändert. Die meisten verstehen einen nicht mehr und wundern sich über die eine oder andere neue Sichtweise. Man muss es erlebt haben, um es vollständig zu begreifen.

Fernweh hatte ich schon immer. Eine Kollegin meiner Mutter, selber als Animateurin unterwegs gewesen, brachte mich dann auf diese Idee. Seitdem ich 16 Jahre war, fühlte ich mich in Deutschland von Regeln erschlagen. Alles was ich tun wollte, war entweder verboten oder zu teuer. Ich wollte keine Arbeit machen, die ich hasste, um Dinge zu kaufen, die ich nicht brauchte. Ich hatte auch nie vor, mich über etwas zu beschweren, ohne den Versuch zu starten, etwas daran zu ändern. Von meckernden Leuten, die außer reden nichts tun, gibt es mehr als genug. Niemals wollte ich so enden; ich war dagegen und nie dafür.

Das erste Mal Animation ist ähnlich wie der erste Sex. Man hat keine Ahnung, was man tut und so oder so ist es viel zu schnell vorbei.

Gegen Animateure gibt es die festen Vorurteile, Party, Alkohol und Sex zu jeder Gelegenheit. Allerdings waren es weniger diese Gründe, die mich dazu brachten, mich als Animateur zu bewerben. Bei einem Tunesienurlaub bemerkte ich, welche Anziehungskraft Animateure auf Gäste ausüben, was mich schwer beeindruckte. Vor dem Entschluss Animateur zu werden, hatte ich das Gefühl, in ein Leben abzudriften, in dem ich heute sagen kann, was ich in einem Jahr machen würde, da sich immer alles wiederholte. Derselbe Tagesablauf, Tag für Tag, Woche für Woche. Ich wollte raus aus dem Alltag und rein ins Abenteuer.

Dass Animation vom italienischen "animo" stammt und soviel wie "beleben", "ermuntern" und "anregen" bedeutet, haben schon andere vor mir geschrieben. Also rolle ich das Ganze nicht noch mal auf. Es soll auch nicht nur um Teamaufteilungen und die einzelnen Aufgaben gehen. Es geht mehr um das, was man über Animateure sagt, aber nicht sieht, da diese eher daran interessiert sind, diese Dinge im Verborgenen zu halten. Es geht mehr um die dunklen Seiten des Jobs, um Klischees und Vorurteile, offene Geheimnisse, die tabuisiert werden. Manche Gäste würden die Hände über dem Kopf zusammenschlagen, wenn sie wüssten, was ab und zu abläuft. Diese Zeilen sollen einen Einblick ins Leben eines Animateurs geben, der alles mitgenommen hat, was es in diesem Beruf zu erleben gab. Alles was hier steht, ist wirklich vorgekommen. Ich will auch keine Schwindeleien auftischen, nur um am Ende besser dazustehen.

Bevor es nun los geht kurz noch eine Erläuterung, ich habe in dreieinhalb Jahren, in sechs Ländern und in neun Hotels gearbeitet. Aus diesem Grund schreibe ich in der Reihenfolge, wie alles geschehen ist.

Kroatien, Skiopening, Lanzarote, Bulgarien, Österreich, Portugal, Österreich, Menorca und Kreta. Die angesprochenen Themen dazwischen, wie „häufige Fragen", „Alkohol" und „Zwischenmenschliches", sind Hintergrundthemen, haben aber nichts mit der eigentlichen Reihenfolge zu tun.

Viel Spaß!

Bewerbung

Casting

Man kennt es unter Vorstellungsgespräch, Casting oder Job Day, egal wie man es nennt: Man muss sich bei einem Arbeitgeber interessant machen. Das Wort Casting erinnert allerdings immer zu sehr an das Fernsehprogramm am Samstagabend, an dem sich Unzählige vor den Fernseher setzen, um anderen dabei zuzusehen, wie sie versuchen, ihren Traum zu verwirklichen. Vielleicht weil ihr eigens Leben nicht interessant genug ist. Deshalb benutze ich einen anderen Ausdruck und zwar Job Day.

Beim eintägigen Job Day entscheiden die Reiseveranstalter, wer im sonnigen Süden arbeiten darf. Mein erster solcher Tag war ein Misserfolg, aber ich hatte bei andern Veranstaltern genug Bewerbungen laufen. Ich folgte im November der zweiten Einladung in die Zentrale eines Reiseveranstalters zu einem Casting. 15 Leute, das heißt 14 Mädels und ich. So ziemlich als erstes wurde ein Film über einen ganz normalen Tag als Animateur gezeigt. Von morgens um acht bis nachts nach den Proben. Es war ein Extremfall, der gezeigt wurde, dennoch wurde steif und fest behauptet, das Leben eines Animateurs sei jeden Tag so und es gebe fast keine Freizeit. So in etwa wie die Fernsehbeiträge über diese Arbeit.

An jenem Tag war auch ein Filmteam anwesend. Ein kleiner Sender aus der Gegend, der einfach unseren Job Day filmen wollte. Als einzig männlicher Teilnehmer stand ich etwas ungewollt im Fokus der Kamera. Eigentlich sollte vorerst niemand erfahren, dass ich Animateur werden wollte. Meine Bekannten sollten das mitbekommen, wenn es soweit war. Der Sender machte mir allerdings einen dicken Strich durch die Rechnung. Eine Bekannte sah den Beitrag, so dass es nur wenige Tage dauerte, bis fast alle meine Freunde im Bild waren.

Vier Jahre nach diesem Job Day berichtete mir eine Freundin aus der Schule, einen Zeitungsartikel über mich und diesen Tag gelesen zu haben. Die Mädels beim Job Day nannten mich "den Herrn" oder "Quotenjungen". Letztere werden immer genommen, sagte eine Teilnehmerin während einer Zigarettenpause, der Zeitung gegenüber. Im Artikel steht, dass ich sagte, ich sei mir für nichts zu schade. Dass dem so war, stellte sich im Laufe meiner Animationszeit auch heraus.

Wochen vor dem Job Day erhielt ich Unterlagen vom Veranstalter, in den aufgeführt war, was von mir an diesem Tag erwartet wurde.

Erstmal sollten wir mit einem Mikrophon eine kleine Vorstellung von uns geben, inklusive Fremdsprachenteil. Soweit so gut, es lief recht glatt, weil die Punkte vorgegeben waren, über die wir reden sollten. Der zweite Teil war ein ca.

dreiminütiger Act, irgendwas Unterhaltsames. Manche kamen mit Modelierbaloons oder Spielen, andere mit Tanz und Gesangseinlagen. Bei manchen Damen erschwerten die allzu weiblichen Formen die Koordination zwischen Beinen und Hüfte. So schrieb zumindest die Zeitung, ich kann mich nicht mehr daran erinnern.

Ich erzählte einen dummen Witz, den ich aus dem Fernsehen kannte und erntete einen überraschenden Applaus. Jetzt im Nachhinein wundert es mich schon etwas, dass ich auf diese Art und ohne weiteres genommen wurde.

Wenn jemand anderes dran war, machten wir alle natürlich mit, egal ob Kinderlied oder kurze Aktivspiele. Man will ja davon überzeugen, dass man immer guter Stimmung und aktiv ist, egal wie dämlich man sich in diesem Moment vorkommt. Also herrschte schnell eine erdrückend künstliche gute Laune, jeder sagte, was die Jury hören wollte.

Als einziger Mann hatte ich die Ehre jedes Mal mit den einzelnen Punkten, wie Mikromoderation und Act, zu beginnen. Da ich der erste war, hatte die „Jury" keinen Vergleich. Abgesehen davon regiert in der Animation ein Männermangel, was wahrscheinlich der Hauptgrund war, warum ich genommen wurde. Die Mädels die sich im Gesang übten, wurden alle Vier nicht genommen. Es gab Tränen der Freude und der Trauer, und es gab Heimreisen, auch für manche bis in die Schweiz oder Österreich zurück. Elf von fünfzehn Bewerbern flogen dann im Sommer ihrem Traumberuf entgegen.

Das Seminar - Teil I

Im März wurde ich auf ein Seminar für neue Animatuere eingeladen, eine Woche Crashkurs von morgens um acht bis nachts um eins. Die neuen Animateure waren eine bizarre Mischung aus abenteuerlustigen „Greenhorns“ und Leuten, die etwas nachholen wollten. Ich war etwas von beidem. Die neuen, die in Nicht-EU-Ländern eingesetzt wurden, wussten schon am ersten Tag, in welches Zielgebiet sie reisen würden, so auch ich. Wir mussten für diese Länder, zum Beispiel Kroatien, Türkei, Ägypten und Tunesien, diverse Führungszeugnisse herbeischaffen und abgeben, um eine Arbeits- und Aufenthaltsgenehmigung zu erlangen.

Für alle anderen war es eine Überraschung, auf die sie bis zum Wochenende warten mussten. Es wurde spannend gemacht, und jeden Tag wurden die angehenden Animateure heißer auf das Ergebnis. Es sollte keine schlechte Laune aufkommen bei denen, die mit ihrem Zielgebiet unzufrieden waren. Das war der Grund für diese Geheimnistuerei. Jahre später wurden die Zielgebiete mit der Einladung mitgeteilt. So konnten es sich die Anwärter überlegen, ob sie den Job wirklich annehmen oder es einfach sein lassen wollen. Vorteil: Der Veranstallter hatte in den ersten Wochen der Saison weniger Personalausfälle.

Wir bekamen mit der Einladung aufs Seminar auch Unterlagen über das Unternehmen zugeschickt, die wir uns zum Test zu Gemüte führen sollten. Dieser Test ließ auch nicht lange auf sich warten. Mein Name war sicher eine der wenigen richtigen Angaben, die auf dem Zettel standen. Einige durften ihn wiederholen, manche gleich wieder nach Hause fahren.

Wochenprogramme wurden verteilt, und alles begann mit einer Filmvorführung. Alle betraten eine Halle, in der im Laufe der Woche die morgen- und mittäglichen Begrüßungen, die Tanzstunden und Showeinlagen beigebracht werden sollten. Die sogenannten Coaches, Zielgebietsbetreuer und Teamchefs standen am Eingang und begrüßten uns. Wir nahmen Platz und bekamen den Film zu sehen. Dieser war mit einem Titel eines bekannten deutschen Sängers hinterlegt, der uns sagte, dass dieser Weg kein leichter sein werde. Wir waren überwältigt, und der Song begleitete uns über das gesamte Seminar.

Die erste Schulungseinheit war eine Kinderdisco, ebenfalls in derselben Halle. Wie aus dem Nichts kam auf einmal jemand kreischend auf uns zugerannt. Zwei Zöpfe, geschminkte Sommersprossen im Gesicht und ein buntes Shirt. Die Beine waren bedeckt von einen kurzen Rock und einer geringelten Strumpfhose.

Ich dachte bei diesem furchterregendem Anblick etwas wie: „Oje, du bist hier falsch, was hast du dir dabei gedacht und warum hast du nicht auf deine Freundin gehört? So was sollen wir machen, jeden Abend, ein halbes Jahr lang? Danach kannst du dich einliefern lassen, ganz bestimmt!“

Ich wünschte mir jemanden, der draußen auf dem Parkplatz mit offener Beifahrertür und laufendem Motor auf mich wartete. Dieser Pippi-Langstrumpf-Verschnitt quakte ins Mikrophon, dass es jetzt losgehen könne mit unserer ersten Kinderdisco. Aus einer Kiste in der Mitte des Raumes krabbelte eine junge Dame. Bekleidet mit einem Grauen, ich weiß nicht was, gab sie nur noch I A von sich. So würden wir also enden, wenn wir diesen Job machen!?

Ich riss mich zusammen, ließ alles über mich ergehen, das konnte ja nicht alles sein. Nach einer guten halben, Stunde, für mich eine Ewigkeit, war der Spuk vorbei. Die Ringelstrumpfhosentante drohte allerdings, indem sie ankündigte, was jetzt jeden Abend auf uns zukommen würde.

Kurz darauf ging es mit den Tanzstunden los, eine Katastrophe. Hatten wir uns bei der Kinderdisco noch mehr oder weniger freiwillig zum Clown gemacht, war es hier vorbei mit der Freiwilligkeit. Schritt hier, Schritt da, Hände so und Kopf dort, jetzt noch mal. Bis hierher und dann mit Musik. Ich war Kfz-Mechaniker und dann Soldat, schaffte es nicht mal in der Disco auf die Tanzfläche, und in dem Job sollte ich auf eine Bühne. Das wusste ich zwar vorher, aber irgendwie hatte ich nicht so richtig damit gerechnet, wirklich tanzen zu müssen.

Gleich am ersten Abend gab es ein so genantes „Get Together" zum Kennenlernen, aber wir merkten bald, permanent unter Beobachtung zu stehen. Wie wir uns den anderen gegenüber verhalten, ob wir offen sind, ob wir eher begeistern, oder uns begeistern lassen. Schnell gab es auch hier wieder diese furchtbare, künstliche gute Laune, jeder lachte und war überfreundlich, so, dass es schon unangenehm war. Aber nicht nur dies erinnerte mich an den Job Day, sondern auch ein Kamerateam, das eine der neuen Animateurinen über das Seminar und den Einsatz im Sommer begleiten sollte.

Während des Get Together geriet ich ständig an Zielgebietsbetreuer, Coaches, und Teamchefs anstatt an neue Animateure wie mich. Einer meiner Gesprächspartner berichtete, dass die Leiterin der Kinderdisco meine Chefin in Kroatien werde, was mich erst mal schlucken ließ und Fluchtgedanken erzeugte.

Am zweiten Tag erfolgte eine Aufteilung in Gruppen. Je nachdem, als was wir uns beworben hatten oder als was wir eingesetzt werden würden. Es steht nicht unbedingt fest, dass man nach einer Bewerbung als Sportanimateur auch als solcher eingesetzt wird. Fehlen die wichtigsten Fachkenntnisse oder mangelt es an Talent, so landet man, vor allem als Frau im Kinderclub, unterteilt in Kinderbereich, Sport und Fitness.

Die Tage sollten in etwa so laufen, wie auch ein Tag im Zielgebiet laufen sollte. Morgens ging´s los mit Tanztraining, Frühstück und der Programmansage in der Halle. Jeder Bereich traf sich dann woanders für eine Trainingseinheit. Zum Beispiel hatten wir eine Einweisung im Bogenschießen oder zum Rollerskaten. Volley-, Fuß- und Basketball-Stunden gab es zu dem für uns Sportanimateure auch noch. Die Kinderanis bekamen unterdessen Einweisungen im Basteln, Gesellschaftsspiele und Kinderschminken. Die Fitnessleute erhielten Einweisungen auf ihrem Gebiet.

Weiter ging es mit dem Mittagessen und einer Stunde Pause, die wir zu Vorbereitungen nutzten. Gemeinsam mit den Fitnessleuten, sollten wir eine Olympiade veranstalten. Vorbereitung, Durchführung und Nachbereitung. Hierzu setzten wir uns in den Pausen zusammen, um eine Tanzchoreographie auszubrüten, die jedes Team zeigen sollte.
Nachmittags weiter mit der Programmansage für den weiteren Tag und deren Durchführung, gefolgt vom Abendessen und der Pause, die natürlich zur Vorbereitung genutzt wurde. Anschließend die Kinderdisco jeden Tag von anderen Teamchefs durchgeführt und immer unter anderem Motto. Da machten sich bodybuildende Zwei-Meter-Hünen nach allen Regeln der Kunst zum Ei.

Zu Ende des Tages, so gegen Mitternacht gab es wieder Tanztraining bis etwa ein Uhr, das von Mal zu Mal besser wurde. Weiter ging es mit unserer eigenen Vorbereitung auf die Olympiade, bis uns die Augen zu fielen.

Durch das ständige Tanztraining und die allabendliche Kinderdisco hatten wir ständig diese Musik in den Ohren. Immerzu dudelten Lieder von Musicals und Kinderlieder im Kopf herum. Wenn wir Pause hatten, hörten wir daher unsere eigene Musik, um das andere mal aus dem Kopf zu kriegen. Ging man aber in den Fahrstuhl oder einfach wieder zu den anderen, hatte irgendjemand eines der Animationslieder auf den Lippen. So kam man nie von der Musik weg.

Die Gruppe von etwa 150 Leuten, wurde im Laufe der Woche kleiner, da es ein paar gab, die sich nicht an die Regeln hielten. Sie durften folglich wiederheimfahren.

Von allen neuen Leuten waren es ungefähr 50 Jungs und der Rest Mädels. Etwa einhundert junge Frauen, alle Anfang zwanzig, so dass man nicht weiß, wo man zuerst hingucken soll. Busen und Hintern, wohin man schaute. Ein paar von denen mussten ja meine Kolleginnen werden, aber welche, das war die Frage. Eines Mittags setzte sich eine der Damen zu mir. Dürr, Pferdeschwanz, Sommersprossen und Brille. Sie erzählte mir freudestrahlend, dass sie mit mir in ein Team kommt. „Nein, du nicht" dachte ich mir. „Warum nicht eine von den anderen"?

Egal, sie war ausgesprochen nett, und ich hatte ja noch drei andere Kolleginnen, von denen sich eine allerdings für Pippi Langstrumpf hielt.

Die Moderation war ebenso eine Schulungseinheit, mit anschließender Videoauswertung über das Zusammengestotterte der vorgegebenen Themen. Auch Mädels, die normalerweise schwafelten wie ein Wasserfall, bekamen am Mikro kein Wort raus.

Nach unzähligen Schulungseinheiten bekamen wir Ende der Woche eine komplette Show zu sehen, die wir in den Zielgebieten umsetzen würden.

Und dann war es endlich soweit, die Zielgebiete wurden bekanntgegeben. Die Länder wurden vorgelesen und die dazu gehörigen Namen aufgerufen. Auch hier wieder Tränen der Freude und der Trauer, da sich der Arbeitsplatz einer Animateurin nur sechzig Kilometer von ihrem Heimatort befand. Das ist schon ungeschickt, wenn nach dieser Zeit schon ein Studium oder eine Lehre feststeht und man dann nicht im sonnigen Süden, sondern in einem Hotel drei Orte weiter arbeiten soll.

Am letzten Abend dann Freibier und eine Abschlussfeier. Etwas verkatert trat ich den Heimweg einen Tag später an und hörte endlich wieder meine Musik.

Kroatien

Auf in den ersten Einsatz

Nach geglücktem Casting und einem tollen Seminar ging es unter den Tränen meiner Freundin auf in den ersten Einsatz nach Kroatien.

Wenn sich die Schiebetüren hinter einem schließen, man seine Bekannten und Verwandten nicht mehr sieht, begreift man, dass es jetzt so weit ist. Man geht allein in ein fremdes Land und kommt erst in sechs Monaten wieder. Am besten ist es, nicht darüber nachzudenken, was man da gerade tut. So ähnlich dachten meine Kolleginnen, die ich am Frankfurter Flughafen traf und mit ihnen den Flieger bestieg.

Es ging in den Süden Kroatiens nach Dalmatien. Am Flughafen stellten wir fest, dass in diesem Land andere Maßangaben bestanden, denn aus 300 Metern bis zum Cargoschalter wurde fast ein Kilometer. Wir liefen die Strecke viermal, da den dortigen Angestellten jedes Mal was Neues einfiel, was sie noch von uns sehen wollten. Letztlich bekamen wir dann doch noch das Gepäck meiner Kollegin, die ihre Sachen einen Tag vorher abschickte, um sie nicht die ganze Zeit tragen zu müssen. Der Junge Mann, der uns vom Flughafen abholen sollte, versteckte sich hinter seiner Sonnenbrille und kam erst auf die Idee, sich zu erkennen zu geben, als wir ihn ansprachen. Das Hotel lag zwischen Split und Dubrovnik auf der Halbinsel Pelješac, inmitten einer sagenhaften Landschaft, so dass wir anfangs aus dem Fotos machen nicht herauskamen. Weiße Felsen, glasklares Wasser, Palmen, Kiefern und bis zu tausend Meter hohe Berge gleich am Wasser. Über eine riesige Brücke fuhren wir aus Dubrovnik auf die schmale Straße, die sich durch das Land schlängelte. Auf der Halbinsel dann erstreckte sich die Straße serpentinenartig entlang der wunderschönen Adria. Pelješac ist ein fast 70 Kilometer langer Landstreifen, der zungenförmig parallel zum Festland vom Süden nach Nordwesten geht. Es war ein Abenteuer, der Fahrer hupte vor jeder Kurve, um den eventuellen Gegenverkehr zu warnen.
Unser Ort Orebic lag im letzten Drittel von Pelješac. Genau gegenüber, ca. 15 Minuten mit der Fähre entfernt, liegt die Insel Kurcula. Die vielen Inseln lassen die Adria nicht wie ein Meer, sondern wie einen riesigen See wirken. Mit der Zeit sieht man traurigerweise das Meer und die Berge nicht mehr. Was einen zuerst beeindruckt, interessiert einen auf die Dauer nicht mehr.

Unser Team bestand aus sechs Leuten, vier aus kaputten Familien, ein Kroate, der im Krieg aufgewachsen und ein Mädel, das als Jugendliche vergewaltigt worden war.

Unsere Chefin hatte eine Colaflasche dabei. Diese leerte sie manchmal zu einem Drittel und füllte sie dann mit Rum wieder auf, also war sie morgens schon guter Dinge. Wie gesagt, fast jeder Animateur flüchtet vor etwas. Aber auch Flucht ist nicht für jeden eine Lösung. Eine der Damen wollte nach den ersten zwei Wochen wieder nach Hause. Mit Engelszungen überredete unsere Chefin sie zum Bleiben.

Unsere Chefin hatte, trotz ihrer gerade mal 26 Lebensjahre eine überragende Menschenkenntnis und war an einer familiären Stimmung im Team interessiert. Viel Zeit zusammen verbringen und über alles reden war ihr Ding. Ich war von zuhause weggegangen und wurde dennoch bemuttert. Selbst meine Wäsche hat sie gewaschen, wenn ich was suchte, hatte sie es in die Maschine gesteckt. Das ist ungünstig, vor allem, wenn man die Taschen vorher nicht durchsucht hatte.

Man bekommt das wöchentliche Programm als A4 Blatt in Tabellenform. Meine Pläne befanden sich in meinen Hosentaschen. Sie wurden daher regelmäßig gewaschen und sahen nach ein paar Tagen aus, wie aus dem Zweiten Weltkrieg.

Sie wusste auch, dass man sich selbst in der Animation kennenlerne, was ich anfangs für Blödsinn hielt, in der Meinung, mich ganz gut zu kennen. Schließlich hatte ich eine Lehre und die Bundeswehr bereits hinter mir. Ich bekam aber schnell mit, dass ich anders auf gewisse Sachen reagiere, als vorher gedacht. Dazu gehörten unter anderem die Reaktion auf nie von der Seite weichenden Kindern, ausartende Diskussionen mit Gästen und das Rebellieren gegen Hotelpersonal, weil dieses sich nicht an die vereinbarten Regeln hielt.

Der zweite männliche Part im Team, mein Kroatischer Kollege, integrierte sich soweit ins Team, wie er es musste. Das war soweit kein Wunder, da er nur Englisch und Kroatisch sprach und nicht immer Lust hatte, dies zu tun, genauso wenig wie ich oder die anderen. Einzig unsere Kollegin aus Stuttgart, gebürtige Kroatin, beherrschte die Sprache recht gut. Er freundete sich mit Ortsansässigen seines Alters an und war nach Dienstschluss nicht mehr zu sehen.

Dafür gesellte sich beizeiten die Reiseleiterin zu uns und wirkte bei Programmen und Shows mit, soweit es ihr Zeitplan zu ließ. Sie war Schweizerin und sprach neben Deutsch, Englisch und Französisch auch Kroatisch. Nach der Saison wollte sie nach Miami, aber ich habe nie wieder was von ihr gehört.

Das Hotel war eine Anlage, bestehend aus einem kürzlich renovierten Hauptgebäude, vier Nebengebäuden und einigen Bungalows. Die Nebengebäude sollten ein Jahr später neu gemacht werden. In den Bungalows hingen Urkunden für die beste Innenausstattung aus dem Jahr 1995. Retrolook, aber nicht schlecht.

Drei unserer Mädels schliefen in einem der Bungalows, ich hatte das Vergnügen mit meiner Chefin in ein Zweiraumappartement in eines der Nebengebäude zu ziehen. Der zweite Mann im Team erhielt eine eigene Bude.

Die All-Inclusive-Bar diente bis vor zwei Jahre als Dorfdisco. Was man dort im Klo runterspülte, floss in einen kleinen Bach, unter einer Brücke durch. Über diese Brücke zu gehen war kein Genuss, aber man musste, wollte man zur Bühne. Wegen der schlechten Konstruktion, war alles in diesem Hotel undicht. Regnete es mehr als eine Stunde, tropfte das Wasser durch die Decke ins Restaurant auf die Brötchen. Dabei regnet es in Kroatien im April und Mai recht viel. Einmal wurde die AI Bar nach einem Wolkenbruch so überschwemmt, dass knietief das Wasser darin stand und wir froh waren, dass wir unsere Musiktechnik auf Tischen stehen hatten. Genauso hatten wir auch ein paar Tage lang durchweichte Bühnenkleidung, denn die Requisite war auch nicht dichter. Sie befand sich in einer ehemaligen, Pizzabäckerei, noch reich bestückt mit Regalen, verrosteten Öfen und alten Pizzakartons.

Das Restaurant bot eine gute Auswahl am etwas ideenlos dekorierten Buffet.

Für unsere Poolansagen hatten wir nicht wie üblich ein Animationshäuschen, nahe dem Pool, sondern einen Küchenwagen auf dem unsere MD und CD-Player standen. Den fuhren wir morgens raus und nach der Absage zur Bühne, weil wir alles an Technik nur einmal hatten. Die Boxen schleppten wir ebenfalls jeden Tag durch die halbe Anlage, vom Pool zur Bühne und zurück. Anstelle eines Funkmikrofons hatten wir ein Kabelmikro, dessen Kabel aber nicht einmal soweit reichte, dass man uns während des Redens vom Pool aus hätte sehen können.

Die Bühne wurde zu Beginn neuerrichtet. Die Tanzfläche bestand aus einzelnen Brettern, reichlich verbogen und mit daumendicken Abständen. Darauf zu tanzen war etwa so, wie Schönschriftversuche auf einer Quadtour, die Tanzflächen der Bühnen in den nachfolgenden Hotels waren gefliest, oder aus großen Platten.

Der Kinderclub war wenig größer als ein Wohnzimmer mit vier gläsernen Schiebetüren an der Frontseite zum Meer. Immer wieder gab es Kinder, die den Unterschied zwischen einer offenen und einer geschlossenen Glastür nicht erkannten, so dass es oft heftig knallte, wenn sie raus oder rein wollten und vor die Scheiben rannten. Später wurden die Türen mit Bildern beklebt.

Los geht's

Alles begann mit einer Inventur, ausräumen, zählen und wieder hinein. Wenn wir keine Kisten umher räumten, dann lernten wir für unsere Shows. Ich war am Anfang der einzige Kerl im Team und hatte daher die Ehre nicht nur jeden Tanz, sondern auch noch jeden Männerpart zu erlernen, was mir aber in allen Saisons zugute kam.

Über ein war Monat zwischen Seminar und Einreise vergangen und dementsprechend schlecht saßen die Tänze noch. Also alles von vorn. Mit viel Geduld brachte unsere Chefin, die nebenbei bemerkt die einzige mit Animationserfahrung im Team war, uns alles bei. Neben den Tänzen gab es noch die Playbacks zu lernen, es musste ja authentisch wirken, so als ob wir selber sängen.

Die meisten Lieder kannte ich, also waren diese nicht das Problem. Jedoch wie verhält man sich im Vordergrund der Bühne, wenn man nur ein Playback macht, also ohne zu tanzen, Mimik und Gestik?

„Höre auf den Text und stelle ihn dar", meinte meine Chefin. Leicht gesagt, doch es war fast alles auf Englisch, was nicht grade meine Stärke war. Und so sah ich bei meinem ersten Einzelplayback aus, als würde ich kaugummikauend Fliegen fangen.

Alles in allem stand die erste Show nach zwei Wochen. Es war atemberaubend als wir zum ersten Mal im Blitzlichtgewitter standen und der Applaus fast nicht mehr verebben wollte. Danach jede Woche eine neue Show, bis wir sechs komplett hatten. Es gab aber nie Nachtproben wie im Film auf dem Casting oder wie auch in den Fernsehbeiträgen. Alles wurde tagsüber oder auch mal in der Mittagspause geprobt. So was funktioniert allerdings nur dann, wenn in den ersten Tagen die Gäste noch rar sind und nur wenige abends anwesend sind, um sich das anzusehen.

Ich lernte in wenigen Tagen mehr über Musik, Takte und wie man sie zählt, als in zehn Jahren Musikunterricht. Zu Schulzeiten hatte ich am Musikunterricht in etwa so viel Interesse, wie an umfallenden Reissäcken in China. Was es nicht gab, war eine Comedyshow, da unsere Chefin diese nicht mochte. Aber wir hatten erstklassigen Ersatz, eine Show, Chaos-Show oder Crazy-Show bezeichnet. 66 Lieder in 45 Minuten und zu jedem Lied ein neues Kostüm.
Zum Job gehört auch, dass man eine Moderation für den ganzen Tag, die einzelnen Programme und die Shows machte. Als Hahn im Korb war ich der erste, der neben unserer Chefin die Moderation übernahm – mit denkbar schlechtem Resultat.

Da alle Animateure auch Kinderdisco veranstalten sollten, lernten wir auch diese Tänze. Die waren kindgerecht und leicht. „Wer am Anfang Schwierigkeiten mit den Kinderdiscos hat, macht zum Schluss die besten", do zumindest meine Chefin. Ich musste eine große Ausnahme sein, fand ich doch dreieinhalb Jahre lang keinen Gefallen daran. Meine erste Kinderdisco war eine Katastrophe, aber das half leider nichts, ich war immer wieder bei Minidiscos dabei.

Die Kindershows hingegen waren toll, zumindest für mich, denn ich musste den Kindern ja auch nichts beibringen.

Die Eltern waren zu Tränen gerührt, auch wenn die Kinder dastanden, nur lachten und sich nicht um das kümmerten, was die Kinderanimateure mit ihnen den ganzen Tag eingeübt hatten. Aber darum geht es ja nicht, die Kinder sollen ihren Spaß haben. Sind sie glücklich, so sind es auch die Eltern. Deshalb sind Leute wie ich nicht in Kinderclubs, wäre es doch für beide Seiten kein Vergnügen.

Anfangs habe allerdings viel mit den Kindern gemacht. Vor allem hoch gehoben und herumgeworfen, was sie toll fanden. Die Damen im Team waren davon weniger angetan, da die Kinder danach noch aufgedrehter waren und wollten, dass die Mädels damit weitermachen. Ich hingegen wurde die kleinen Strolche nicht mehr los.
Es gibt Altersbeschränkungen für das Kinder-, Teens- und Erwachsenenprogramm. Die Kids, vor allem die Jungs, wollten natürlich Sport mitmachen und nicht mit den Mädels Spiele spielen. Kein Erwachsener sagt was dagegen, zumindest nicht in dem Augenblick, in dem die Kinder fragen, ob sie mitmachen dürfen. Aus Rücksicht wird dann auch dem Nachwuchs der Vortritt gelassen und sich im Nachhinein beschwert. Zu Recht. So hatte ich mit der Zeit keine Erwachsenen mehr im Programm und der Kinderclub keine Kinder. Was folgte war Ärger von der Chefin, so dass ich mich danach an diese Vorschriften hielt.

Mein Tagesablauf war recht einfach, Sport eben. Darts, Volleyball usw. Eine Sportart hatte es mir und den Gästen besonders angetan, Poolvolleyball. Ich

spannte ein Netz über den Pool und nahm einen Sonnenschirm und ein Geländer als Fixpunkte für das Netz. Mein Shirt hängte ich als Warnflagge auf die Schnur. Äußerst gewitzte Kinder machten sich einen Spaß daraus, es mir zu klauen, rannten damit umher und übersahen selbst die Schnur. Je nach Alter der Kinder vollzogen sie sogar Vorwärts- oder Rückwärtsrollen darüber.
Auch wenn Kinder mit Eis in der Hand neben dem laufenden Spiel standen und zuschauten, gab es immer viel zu lachen. Ich nannte es immer Kollateralschaden, denn wurde ein Kind vom Ball getroffen, so schmückte das Eis meist das ganze Gesicht, die Haare, oder es verschwand mit Waffel oder Stiel ganz im Mund.

Ich wurde oft gefragt, warum ich die Sprachen der Ländern, in denen ich tätig war, nicht besser beherrschte. Grund: Man bekommt einfach nicht viel von der Sprache mit, da man im Normalfall für die Gäste da ist.

Die waren Deutsche oder zumindest deutschsprachig, denn ich arbeitete ja für einen deutschen Reiseveranstalter. Aber was man lernt, sind Schimpfworte und Beleidigungen. Es war ein Hobby der Belegschaft, die Gäste mit einem Lächeln im Gesicht zu beleidigen. Allerdings vergaßen die meist jungen Angestellten, dass ein Teil der Gäste kroatisch verstand. Es waren viele geborene Kroaten, die wegen des Krieges damals nach Deutschland geflohen waren und dort lebten. Zuerst versteht man nichts, dann einzelne Worte. Später kann man an Hand von Gesten und Reaktionen erahnen, worüber die Unterhaltung ging.

Auch der Tennislehrer war eine Marke für sich, Kommunikation gleich Null. Anstatt sich mit uns über die Zeiten abzustimmen, fabrizierte er seine eigenen und wunderte sich, wenn wir vor ihm auf dem Platz waren und er keine Stunden erteilen konnte.

Der Manager hatte ebenfalls etwas Wetterwendisches, denn manchmal erlaubte er uns Dinge, über die er sich wenig später wieder aufregte. Täglich es gab neue Diskussionen.
Aufgrund beliebter Fußballspiele richtete das Hotel einen Fernsehraum ein, um die wichtigsten Spiele zu zeigen. Zeitgleich zu einem Deutschlandspiel hatten wir eine ukrainische Folkloregruppe als Abendprogramm. Dieser wurde zum Umziehen der Fernsehraum zur Verfügung gestellt. Ein großer Fehler, denn den Deutschen den Fernseher zu einem Fußballspiel wegnehmen, an dem die deutsche Nationalmannschaft beteiligt ist, bewirkte einen Aufstand. Plötzlich war jeder, der im Hotel arbeitete, Staatsfeind Nummer Eins. Es dauerte bis Ende der ersten Halbzeit bis die Ukrainer einen neuen Raum bekamen, danach besserte sich die Stimmung. Männliche Zuschauer hatten sie dennoch keine.

In Kroatien tätig zu sein, bedeutet auch, sich dort nicht ewig dort aufhalten zu dürfen, so wie in den anderen nicht EU-Ländern. Es hätte die Möglichkeit gegeben nach drei Monaten des Aufenthalts für 24 Stunden das Land zu verlassen, so wie unsere Kollegen im Norden von Kroatien, in der Türkei oder Nordafrika das taten. Wir hatten aber, um genau das zu vermeiden, im Voraus unsere Führungszeugnisse eingeholt und gleich zu Beginn auf eine Polizeistelle in Ston, einem Ort an der unteren Seite der Halbinsel, gebracht. Die Behörden in Kroatien arbeiten genauso langsam, wie die in Deutschland, so dass kurz vor Ende der Dreimonatsfrist die Dokumente eintrudelten, um als Deutsche ein halbes Jahr in Kroatien arbeiten zu dürfen.

Mixed Picles

Jeder von uns erhielt im Laufe der Saison auch Besuch. Meine Schwester und mein Schwager besuchten mich nach ungefähr acht Wochen. Meiner Schwester war es die ganze Zeit übel, und sie hatte keinen Appetit, was wir das auf die ungewohnt hohen Temperaturen schoben. Nach ihrer Rückkehr bekam ich einen Anruf, in dem mir mitgeteilt wurde, dass sie zu dritt in Kroatien waren, aber nur für zwei bezahlt hatten. Es dauerte einen Moment bis ich endlich begriff was los ist: Ich wurde Onkel.

Eine meiner Teamkolleginnen war ein Zwilling, was Verwirrung unter den Hotelangestellten stiftete. Ihre Schwester fragte nämlich bei der Ankunft im Hotel an der Lobby, wo sich denn die Animation befinde. Sie erhielt keine Antwort, der junge Mann an der Rezeption fühlte sich veralbert.

Ich machte mir am freien Tag, was auch immer der Anreisetag der neuen Gäste war, den Spaß, mich in Privatkleidung zu frisch angereisten Gästen zu setzen. Sie waren meist höchst erstaunt über meine dreiste Kommunikationsfreudigkeit, bis sie mitbekamen, dass ich beim Animationsteam arbeite. Daraufhin wurden die meisten Gäste auch etwas redseliger. Kleider machen eben doch Leute.

Am Hafen, etwa 500 Meter weit weg vom Hotel, lag ein Surfbrett am Strand. Ganze acht Wochen ruhte das viel zu alte Brett, was von der Größe her fast schon hätte ein Boot sein können, dort unbeachtet herum. Nach einer Show schlüpften meine Chefin und ich in dunkle Kleidung aus der Requisite und gingen los, um es zu holen. Nach etwa zehn Metern wurde es uns zu schwer, also schoben wir es kurzerhand ins Wasser und paddelten zum Hotel zurück.

In Kroatien sah ich auch erstmals Delphine in freier Natur. Sie schwammen ungefähr 200 Meter weit draußen und stahlen uns bei der Morgenansage die Show. Ein anderes, weniger anmutiges Tier war ein etwa anderthalb Meter lange grüne Giftschlange, die sich in die Anlage „verschlängelt“ hatte, mir auf einem Plattenweg vor die Füße kroch und mir eine neue Selbsterkenntnis über meine Reaktion auf ungewohnte Situationen gab. Schockgefrostet beäugten wir uns einen Moment, wobei ich mich so langsam wie irgend möglich zurückbewegte, während sie in einen Busch entschwand.

Eine anderes unvergessliches Erlebnis war eines Tages eine Tornadowarnung. Die Gäste stellten sich, wie auch wir, mit dem Fotoapparat im Anschlag an das Geländer Richtung Meer. Wenig später kam die Entwarnung. Der Tornado zog von Norden auf der anderen Seite, zwischen Halbinsel und Festland nach Süden. Wir fuhren mit unserem Programm fort. Für mich hieß es Poolvolleyball, als plötzlich eine pechschwarze Wolkenwand über den Berg hinter dem Hotel ragte. Alle verließen den Pool, der Wind blies stärker und für Sekunden kam alles, was nicht fest oder sehr schwer war, dahergeflogen: Handtücher, Liegen und Piniennadeln. So schnell wie dieser Ausläufer des Tornados kam, so schnell ging er auch wieder, und alles lief weiter seinen gewohnten Gang.

Verkatertes Kätzchen - Ob die Katze Rum-Cola mag?

Es gibt sie groß, klein, dick, dünn, buschig und mit kürzeren Haaren. Die Rede ist von Katzen die zu Dutzenden in südlichen Hotelanlagen rumtigern. Von den Kellnern verjagt, von den Kindern gefüttert, führen sie ein Leben zwischen Streicheleinheiten und Fußtritten. Es gibt auch Eltern, die beim Anblick ihres Nachwuchses, der gerade mit dem kleinen schwarzen Kätzchen spielt, vergessen, dass es in daheim in jedem Tierheim etliche nicht weniger putzig Fellknäuel gibt. Sie fragen auch, ob sie sie mit nach Hause nehmen könnten und wie das am besten klappen könne. Ein besonders niedliches, lachsfarbenes, ungefähr drei Monate altes Exemplar begegnete mir ab und zu im Treppenhaus unseres Blocks, in dem ich mit meiner Chefin wohnte. Sie sprang auch mal auf unseren Balkon, verzauberte meine Chefin sofort und wurde von ihr mit Futter versorgt. „Ob die Katze Rum-Cola mag", fragte sie mich in einer Abendpause mit verschmitztem Lächeln, aber dem war nicht so. Mit einem Trinkhalm bewaffnet stürzte sie sich auf den kleinen Kater und flößte ihm das Gesöff ein. Es ist erstaunlich, wie die sonst so geschmeidige Katze mit dem Alkoholkonsum umging. Taumelnd, vor Stuhl- und Tischbeine wankend, übergab sie sich schließlich, dann schlief sie ein. Als wir aus dem Lachen wieder raus waren, wischten wir die Sauerei weg. Ihre Besitzerin hatte sicher ein schlechtes Gefühl, wenn ihrer Mieze in unserer Nähe war und sperrte sie nach wenigen Tagen weg. Wir hatten ja noch genug Katzen im Restaurant rumrennen. Unter wildem Kratzen, Fauchen und Beißen verfrachteten wir das jüngste Tier in unser Zimmer, wo es sich mit aller Gewalt ihres kleinen Körpers wehrte und uns entkam sowie einem Leben als Alkoholikerhaustier entkam. Bei einem Ausflug nach Dubrovnik entführte meine Chefin wieder eine Katze in ihrer Gürteltasche, die allerdings viel viel zu klein und zu jung war, um sie abzufüllen. In den Verhaltensregeln, die ich zu unterschreiben gehabt hatte, stand natürlich u.a. auch, dass Haustiere nicht erlaubt seien.

Als wenige Wochen vor Saisonende nur noch eine Handvoll Gäste in der Anlage weilten, führten wir Frühschoppen ein. Auf einem Berg stand eine kleine Kapelle zu der unsere allwöchentliche Alibi-Wanderung ging. Auf dem Rückweg machten wir Rast bei einem Wirt, der so alt war, dass er wahrscheinlich Dubrovnik mit erbaut hat. Er produzierte Vieles, was er anbot, selber: Wein, Schinken, Käse, Lammfleisch und Oliven. Manche unserer Gäste ließen sich

morgens den Rotwein so sehr schmecken, dass sie abends vom Wirt ins Hotel zurückgefahren werden mussten.
Das Ende der Saison ist auch immer die beste Zeit, Sehenswürdigkeiten zu besuchen, wie zum Beispiel die immer noch zerbombte Stadt Mostar mit ihrer berühmten Brücke, die als symbolische Brücke zwischen Glaubensrichtungen gilt. Am selben Tag fuhren wir noch nach Dubrovnik, die aufgrund ihrer kulturellen Bedeutung und der jahrhundertelangen politischen Sonderstellung auch als "Perle der Adria" und "Kroatisches Athen" gilt.

Treue

Wer jetzt glaubt, dass ich die Situation ausgenutzt habe, weit von meiner Freundin entfernt zu sein, der irrt. Meine Moral und mein Versprechen, nichts anzustellen, bewahrten mich vor Dummheiten. Ich tat es auch nicht, nachdem mir klar wurde, dass ich meine Beziehung nach meiner Rückkehr nicht weiterführen würde.

Ich war kein Mensch, als ich zitternd den neuen Einsatzwunsch unterschrieb – es war das „Todesurteil“ meiner Beziehung. Sie wartete sechs Monate auf mich, besuchte mich in Kroatien, um zwei Wochen nach meiner Rückkehr zu erfahren, dass ich mit ihr Schluss machen wollte.

Die größten Chance, wenn auch wenig verlockend, hatte ich bei meiner eigenen Teamchefin. Sie war nicht abgeneigt. Ich schob das auf den Männermangel im Hotel, nutzte dies aber auch aus, um meinen Willen durchzusetzen und fühlte mich als ihr Schoßhund recht wohl. Diesen Stand habe ich auch die ganze Saison versucht zu nutzen, auch wenn die Versuche seitens meiner Chefin lange Zeit nicht nachließen. Vor allem dann nicht, wenn sie was getrunken hatte und das hatte sie ja – Stichwort Colaflasche – des öfteren.

Darüber hatte ich einmal so eine Wut, dass ich die Tür unserer Requisite eintrat, wobei die Späne nur so flogen. Wieder eine Selbsterkenntnis. Die kaputte Tür schob ich auf ein paar zwielichtige Zeitgenossen aus den Reihen des Hotelpersonals und reparierte sie selbst.

Vier Wochen vor Saisonende besorgte sie mir, nach viel Streit, ein eigenes Zimmer. Sie hielt es mit mir in ihrer Nähe nicht mehr aus, entschuldigte sich aber täglich und erklärte mir, dass es sich um keinen Rauswurf handle.
Die Saison endete wie es begann, mit einer Inventur. Aber es war merkwürdig, denn das Gefühl stellte sich ein, zu Besuch in meinem eigenen Leben zu sein. Ich hatte mich stark verändert, so sehr, dass ich mich nur mit Mühe wieder erkannte. Ich war so hin und weg von der Arbeit als Animateur und allen, was dazu gehörte, dass ich mein altes Leben nicht mehr aufnehmen wollte. Ich war sogar bereit, meine Beziehung dafür aufzugeben, etwas, was uns auf dem Job Day zwar gesagt wurde, ich aber nie für möglich gehalten hätte. Ich hatte Lust auf ein neues, spannendes Leben.

Das erste mal wieder zu Hause

Zuhause war´s die Hölle. Ich kam mir in meinen eigenen Zimmern fremd vor, erwartete, dass irgendjemand reinkomme und mich frage, was ich hier suche, da ich nicht mehr hier wohnen würde. Es war so genauso fremd wie die ersten Tage in Kroatien mit dem einzigen Unterschied, dass ich mich hier nicht wohlfühlte. Ich konnte nicht schlafen und hatte nachts Schweißausbrüche. Dazu kam noch das schlechte Gewissen meiner Freundin oder Exfreundin gegenüber.

Meine Mutter hatte im Treppenhaus Bilder von meinen Auftritten als Poster aufgehängt, was mich fast zu Tränen rührte.

Da mir nach einer Woche die Decke auf den Kopf fiel, gab´s nur eins: Weg, einfach weg.

Ein schweres Übel waren auch die Ämter und Agenturen, zu denen ich wegen meiner kurzen Arbeitslosigkeit musste. Man hätte meinen können, dass ich der einzige Mensch in Thüringen sei, der als Animateur arbeitete. Ich hatte weder für eine deutsche, noch für eine Firma in der EU gearbeitet, auch nicht in einem EU Land. Das überforderte die Damen und Herren, da es für solche Fälle keine Schablone gibt, die man einfach auflegt. Der Computer ist immer nur so schlau wie der, der davor sitzt. Ein Telefonat nach dem anderen wurde geführt, wobei ich meine Situation fast jeden Tag neu erklärte und das Gefühl hatte, einer Horde mittelalterlicher Bauern etwas über die Landung auf dem Mond zu berichten.

Letztlich vollbrachten die Angestellten doch noch das Wunder, mich zu registrieren und mir für die beiden Monate, bis mein neuer Arbeitsvertrag in Kraft trat, Arbeitslosengeld zu zahlen. Dieses kam im Februar des Folgejahres.

Auf die Bretter, die die Welt bedeuten

Dazu kommt man in der Animation schneller als man denkt. Ich stand nach zwei Wochen zum ersten Mal darauf. Bei anderen geht´s teilweise noch fixer.

Wir waren in meiner ersten Saison alle „Frischlinge“. Kommt man in ein bestehendes Team in einer laufenden Saison, so kann es sein, dass man schon am ersten Abend auf die Bühne darf. Da reicht schon ein kurz eingeübter Sketch aus, um im Rampenlicht zu stehen. Als ich das erste Mal bei einer Show die Bühne betrat, ratterte mein Puls wie ein Maschinengewehr, mein Herz feierte eine Technoparty. Mit der Zeit verfliegt das Lampenfieber allerdings und Routine stellt sich ein. Anfangs versucht man, sich hinten zu verstecken, später will man nach vorne, um gesehen zu werden, dann will man am liebsten alleine da oben stehen. Man verliert alle Hemmungen, es geht soweit, dass man nackt auf der Bühne steht, ohne sich zu schämen.

Man lernt, sich zu schminken, auch als Mann. Anfangs rührt es einen schon merkwürdig an, jeden Abend eine Schicht unnatürliche Bräune aufzutragen und die Wimpern zu tuschen, allerdings gewöhnt man sich daran. Man lernt sich schöner, hässlicher, älter und jünger aussehen zu lassen.

Aber die Schminke verläuft, wenn man bei fast dreißig Grad eine Stunde lang in Aktion ist. Dazu kommen noch die Scheinwerfer, die einen selbst ins Schwitzen bringen, wenn man sich gar nicht bewegt.

Unsere Shows begannen immer mit einem Intro und endeten mit einem Clubtanz, bei dem die meisten sitzenblieben oder fluchtartig das Theater verließen.

Wir hatten achtziger Jahre Tanzshows, Vampiershows und Hochzeiten auf Griechischen Inseln, hinterlegt mit Musik einer siebziger Jahre Kultband aus Schweden. Die meisten sind gekürzte Musicals, zu denen man Choreografien tanzt und den Mund zum Text bewegt; Playback eben.

Eine Show von Null an zu erlernen erstreckt sich etwa über eine Woche bis zu zehn Tagen, bis sie bühnenfest ist. Bei Tanzerfahrenen geht dies natürlich schneller, man selber lernt mit der Zeit auch immer schneller, vor allem, wenn die Begriffe wie Steptouch, Grapevine und Piwitturn erst mal sitzen. Nicht zuletzt weil ein Reiseveranstalter meist denselben Choreografen bei mehreren Shows beschäftigt, ähneln sich die Bewegungen doch sehr. Bei uns waren die meisten Figuren der Einfachheit zuliebe Bewegungen aus der Aerobic, die jeder ohne Probleme beherrscht. Von der Sache her ist es auch nicht so schlimm, sich mal zu vertanzen, Hauptsache, man lässt es sich nicht anmerken, so dass niemand es bekommt mitbekommt. Die Gäste schauen eh meist in die Gesichter oder auf das Gesamtbild, weniger auf die Füße, und die allerwenigsten Gäste wissen wie es auszusehen hätte. Wenn man lächelt, Spaß und Ausstrahlung hat, wirkt man besser, als jemand der perfekt und fehlerlos tanzen kann.
Aber man hat immer Tanzlegastheniker mit dabei, mit denen man immer und immer wieder proben muss. Am Rande erwähnt, ich war das nicht.

Aber auch Comedy-, Quiz- und Gameshows zählen zum Abendprogramm. Moderieren und schauspielerisches Können eignet man sich mit der Zeit mehr oder weniger an. Irgendwann beherrscht man die Schwafelei, bis die Gäste blau und dann wieder nüchtern werden.

Bei der Moderation eines Quiz ist es am besten, Fragen zu einem Thema zu stellen, das einen selber interessiert. Ich hatte mir ein Filmquiz zusammengebastelt, das in dreiviertel meiner Zielgebiete zum Einsatz kam.

Für alle Shows gibt es Werbung und Reklame in Form von Spontis, also spontanen Einlagen wie zum Beispiel im Showkostüm durchs Hotel oder Restaurant zu flitzen. Ich entwickelte für Comedyshows eine eigene Figur. Ich beobachtete deutsche Gäste und erfand eine klischeehafte Karikatur eines Deutschen. Ich machte mir mit einer Perücke eine Vokuhilafrisur, vorne kurz, hinten lang und malte mir Augenbrauen über die Nase, so dass diese eine durchgehende Linie ergaben. Dann klebte ich mir einen Schnauzer an und stopfte meinen Bauch unter meinem Feinripphemd aus. Zum Schluss zog ich mir eine geschmacklose kurze Hose und Tennissocken an. Als ich so zum ersten Mal auf

Lanzarote ins Restaurant ging, hielt mich der Manager auf und bat mich, meine Kleidung zu wechseln. Als er mich erkannte, ließ er mich kopfschüttelnd rein.

Eine Show-Werbeaction, die fast keiner gerne macht sind Standbilder. Dabei ist etwa eine halbe Stunde unbeweglich in einer Position zu verharren. Das führt die Gäste meist in Versuchung, einen zum Bewegen zu bringen. Sie ziehen Grimassen, erzählen Witze oder versuchen, einen zu kitzeln. Man hat das Gefühl, dass jeder der Meinung ist, der erste zu sein, der auf diese Idee kommt. Ganz Schlaue schicken ihre Kinder, um einen aus der Ruhe zu bringen. Ich lernte, mich zu beherrschen und mich von keiner Kitzelattacke, dummen Sprüchen oder Faxen aus der Pose bringen zu lassen.

Es ist auch immer von Vorteil, eine Sonnenbrille zu tragen, da muss man nicht ständig nach oben schauen, um den Gästen nicht in die Augen sehen zu müssen. Auch die Ohrenstöpsel vom Mp3-Player sind eine gute Methode, um sich das Gelaber der Gäste nicht anhören zu müssen, allerdings braucht man dafür lange Haare, oder eine die Ohren verdeckende Kopfbedeckung.
Einmal bespuckten ganz gewitzte Kinder meine Kollegin und mich mit Wasser. Wir schmiedeten Pläne, das nächste Mal ein paar Becher mit Schnaps zu füllen und zurückzuspucken, jedoch kam es nie dazu.

Steht man nicht auf der Bühne, so sitzt man meist an der Technik als „Sound and Light Jockey“. Da ist man während der Show verantwortlich für Licht, Lichteffekte, wie Stroboskop, Spot oder einfach Licht an und aus, das richtige Lied zur richtigen Zeit, Lautstärkeregler für Musik, Mikros und Headsets. Diese Aufgabe ist mindestens genauso anspruchsvoll wie die Darbietung der Show selbst.
Immer wenn jetzt ein Lied im Radio kommt, das zu einer unserer Shows gehörte, schwelge ich in Erinnerungen und ertappe mich beim Playbacksingen, was schon oft zum Schmunzeln meiner Kollegen führte!
Die Shows sind allerdings auch der Höhepunkt der meisten Animateure, da dazu am meisten dafür geübt und geprobt wird. Nichts verschafft einem bessere Laune, als danach einen saftigen Applaus einzustreichen!

Drei Stunden Schlaf am Tag – Skiopening Zell am See

Los ging es mit dem Auto eines Regionalleiters, den ich vom Seminar kannte.
In Zell am See wartete ein straffes Programm auf uns. Meinen Kummer über mein Beziehungsende, das wie eine tonnenschwere Last auf meinen Schultern lag spülte ich mit Alkohol runter, an den ein leichtes Rankommen war.

Die etwa 90 Animateure wurden in verschiedene Teams aufgeteilt, das Dekorationsteam, das Zell am See und Kaprun in ein Fahnenmeer verwandelte, das Team für Gästekontakt, nicht aber für nicht Skifahrer, das Pistenteam, für den Gästekontakt auf der Piste, zu dem ich gehörte, das VIP-Team, das für gutbetuchte Gäste und Sponsoren da war und das Showteam, eine 16-köpfige Gruppe aus den besten Tänzern der Animateure.

An den ersten zwei Tagen sollten wir die Pisten branden, also brandmarken mit Bannern und Fahnen, damit die Besucher nie vergessen, bei wem sie das dreitägige Event gebucht hatten. Am dritten Tag erschienen dann die Gäste in Zell am See. Weil wir es mit dem Feiern sehr gut und mit dem Schlafen sehr schlecht meinten, habe ich in der Badewanne pennend auch gleich den ersten Abend verpasst.

Die Schneeverhältnisse waren mies, so dass nur der Gletscher des 3203 Meter hohen Kitzsteinhornes befahrbar war und nicht, wie geplant, die Schmittenhöhe. Am dritten Tag herrschte so starker Wind, dass nicht einmal die Gondel fuhr und die Leute an der Talstation stunden lang warteten. Die Gletscherbahnen Kaprun verkehrten seit einem Feuer nicht mehr, so dass kein Weg hinauf zur Mittelstation existierte. Es war eh viel zu voll. Meines Wissens nach tummelten sich etwa 17000 Leute, die von überall angefahren kamen, in dieser Woche auf dem Gletscher.

Am Ende der Woche gab es als Finale einen Auftritt des Showteams, eine knappe halbe Stunde Tanzauszüge aus den aktuellen Shows und danach eine Liveband in einer Eishalle. Im Anschluss trafen wir uns zur Afterhourparty. Alle die noch stehen konnten, ließen die Woche ausklingen. Morgens um sechs Uhr trat ich die Zugfahrt nach Hause an. Alles in allem war es aber recht lustig und für alle zu empfehlen. Eine Woche mit jeweils drei Stunden Schlaf am Tag und mehr Alkohol als feste Nahrung. Als ich nach Hause kam, schlief ich anderthalb Tage durch.

Drei Tage später stand die nächste Reise an. Mein erstes Team und ich trafen uns zum Geburtstag unserer Teamchefin im Süden Fuerteventuras in Costa Calma. Der Ort wird von denen, die sich länger dort aufhielten, auch „Costa Koma“ genannt. Grund dafür ist das etwas eintönige Nachtleben. Es war ein tolles Wiedersehen mit viel Erfahrungsaustausch gegen die Langeweile zu Hause und der weitere Werdegang. Ich war, abgesehen von unserer Chefin, der einzige, der weiter in der Animation blieb.

Es war fast eine Woche Urlaub, bis auf die Shows die ich auch dort mitmachte. Tagsüber griff im dem neuen Sportanimateur unter die Arme. Von unserem Arbeitgeber, dem Reiseveranstalter, wurde mir abgeraten nur den Flug zu begleichen und mich darauf zu verlassen, bei meiner ehemaligen Chefin unterzukommen zu können. So was führt wohl zur Kündigung, weil ich das Hotel nicht bezahlen würde. Kündigen konnten sie mich nicht allerdings nicht, war ich in dieser Zeit doch nicht angestellt.

Während einer Show raubten Diebe vier Bungalows in der Anlage aus. Auf den Kanaren kommt das häufiger vor, da sich dort viele Marokkaner illegal aufhalten, die überleben wollen. Diese haben sich, wegen der stufigen Bauweise der Gebäude auf das Fassadenklettern spezialisiert. Die Bewohner des Erdgeschos-

ses schließen sowieso ihre Türen ab, die in den oberen Stockwerken fühlen sich sicher und lassen auch mal die Fenster geöffnet, so das die Fassadenkletterei zu einem beliebten Hobby auf den Kanaren geworden ist! Es hält die Klettermaxen fit und rentiert sich überdies noch.
Nach der Woche dann fix retour, Weihnachten und Silvester feiern, um dann im Januar in den neuen Einsatz, nach Lanzarote zu fliegen.

Häufige Fragen

Auch wenn man mit vielen verschiedenen Menschen zu tun hat, werden immer wieder dieselben Fragen gestellt. Manche beantwortet man einfach, auf manche freut man sich, weil man eine coole Antwort parat hat und manche kann man einfach nicht mehr hören. Manchmal fragt man sich auch selber, wie die Leute auf solche Fragen kommen.
Neben Fragen nach den Gründen, warum man diese Tätigkeit ausübt, dem Leben zuvor und der Bezahlung wurde ich oft folgendes gefragt:

Wie bewirbt man sich als Animateur?
Viele Gäste waren der Meinung, dass wir für die Hotels arbeiten, obwohl wir groß und breit den Namen des Reiseveranstalters auf der Teamkleidung trugen. Ich habe drei verschiedene Möglichkeiten kennengelernt, sich als Animateur zu bewerben.
Erstens bei einem Hotel mit dem Nachtteil, nur dieses eine zu sehen, es sei denn man bewirbt sich in der nächsten Saison in einem anderen. Hotelteams sind meist ihr eigener Chef, also kann man seine Kreativität in Sachen Programm und Shows gut ausleben. Ähnlich ist es in einer Hotelkette. Man sieht etwas mehr, wenn man innerhalb dieser die Einsatzgebiete wechselt. So oder so bekommt man aber das meiste Geld als hauseigener Animateur.
Eine zweite Möglichkeit bieten Vermittlungsfirmen, über die man geschult und an Hotels vermittelt wird. Die Möglichkeiten, sich selbst zu verwirklichen sowie die Entlohnung hängen vom Hotel und Einsatzland ab.

Die dritte mir bekannte Möglichkeit habe ich selbst genutzt. Ich habe mich bei einem Reiseveranstalter beworben. Dort ist vieles vorgeschrieben, wie Shows und Programme, also bleiben die eigenen Ideen, bis auf kleine Abweichungen, im Großen und Ganzen auf der Strecke. Die Bezahlung ist immer gleich, egal ob das Zielgebiet nun Ägypten oder Deutschland heißt.

Oft gehen Touristen auch davon aus, dass jeder Animateur ein Student ist, der in den Semesterferien im Ausland arbeitet. Das ist oft der Fall, allerdings nur bei den sogenannten Freelancern, den Saisonverstärkern. Die meisten allerdings hatten vorher einen Job, haben gerade ihr Abi gemacht, kommen von der Uni und arbeiten die ganze oder mehrere Saisons hauptberuflich als Animateur.

Das bringt mich zur nächsten häufig gestellten Frage. Viele Gäste sind erstaunt, dass man nicht immer in derselben Anlage arbeitet, genauso wie man damit leben könne, alle paar Monate neue Kollegen zu haben, an die man sich gewöhnen müsse.

Aber genau das macht die Tätigkeit ja so interessant, nämlich immer Neues zu erleben. Ein Kollege sagte mal: „Zuhause ist, wo die Koffer stehen". Zudem kommt noch, dass viele vergessen, dass man auch im Winter ins Warme fliegen kann. Die meisten denken, dass man in den Wintermonaten zuhause arbeitet. Aber die Kanaren, Nordafrika und deutschsprachige Länder bieten Animateuren die Möglichkeiten für auch im Winter zu arbeiten.

Ebenso wundern sich viele darüber, dass wir während der Saison nicht nach Hause fliegen. Aber sechs Monate hält man ohne die Heimat aus und zur Hochsaison herrscht ohnehin Urlaubssperre.

Kommen keine Gäste zum Programm, denken die meisten, man habe eine Pause, jedoch gibt es immer was zu tun.

Hat der Animateur kein Programm, tut er am besten, wenn er an die Bar geht und Gästekontakt sucht, sofern er das „All Inklusive" Colakonzentrat mit Mineralwasser noch vertragen kann. Andernfalls muss er die Requisite säubern, Kostüme waschen und reparieren oder Dekoration vorbereiten. Also dann doch auf einen Kaffee an die Bar, denn zum Quatschen findet man immer jemanden.

Wenn man viel im Ausland unterwegs ist, lernt man viele Sprachen. Wenn man zum Beispiel in Portugal arbeitet, dann lernt man vorher Portugiesisch, was viele Gäste voraussetzen.

Die Wahrheit ist, wenn man jede Sprache vorher lernen müsste, dann hätte man einen erstaunlichen Sprachschatz! Manchmal erfährt man aber nur wenige Tage vorher das nächste Einsatzgebiet, oder es kommt dazu, dass man während der Saison das Land wechselt. Abgesehen davon, sind Animateure eines Reiseveranstalters in erster Linie für die eigenen Gäste da, also wir für die deutschsprachigen. Mit den anderen Gästen kommuniziert man meist auf Englisch. Auch das Hotelpersonal ist nicht immer einheimisch. Oft stammt es aus Osteuropa und spricht recht gut Deutsch oder Englisch. Aber trotz alledem schnappt man hier und da ein paar Brocken der Landessprache auf, vor allem, wenn man sich dafür interessiert, was meiner Meinung nach auch dazu gehört. Nicht zuletzt sollte man es aus Respekt tun, denn man ist, auch wenn man dort arbeitet, immer noch Gast.

Beaufsichtigt ein Animateur Kinder, dann gehen viele davon aus, dass er eine pädagogische Ausbildung genossen habe, die aber die wenigsten vorweisen können. Viele Mütter die vor lauter Fürsorge ihre Kinder den ganzen Tag in einen Kinderclub geben, verstehen dies aber nicht und fragen nach dem Grund.

Die Antwort ist einfach: Jeder kann sich als Animateur bewerben, davon sind aber nur eine Handvoll Kindergärtner o.ä. Wäre dies ein Einstellungskriterium, dann gäbe es keine Kinderclubs mehr, in die man seine Sprösslinge geben könnte.

Allgemein wird viel nach Voraussetzungen für diesen Beruf gefragt. Für das, was wir gemacht haben, musste man nur alt genug sein. Auf Schiffen oder in qualitativ hochwertigen Hotels braucht man eine Ausbildung in Tanz, Fitness und bzw. oder Kinderbetreuung.

Am Ende noch meine persönliche Lieblingsfrage, die weniger eine Frage sondern viel mehr eine Voraussetzung ist, und zwar, ob Animateure immer gute Laune haben müssen. Die Antwort ist so simpel wie erschreckend, NEIN dem ist nicht so!

Sie sind auch nur Menschen mit guten und schlechten Tagen, mit Sorgen und Problemen wie jeder. Auch wenn die Sonne vieles erhellt, so brodeln in jedem doch die Geschehnisse vergangener Tage oder Ereignisse, die noch anstehen. Selbstverständlich ist Freundlichsein immer ein Muss, egal wie man gelaunt ist. Alles was man nicht darf, ist schlecht gelaunt zu sein, das bedeutet aber nicht, fortwährend strahlen zu müssen. Gäste akzeptieren auch mal, dass man verkatert oder mies gelaunt ist, weil man Ärger bekommen hat, solange man freundlich bleibt oder es mit Galgenhumor ins Lächerliche zieht. Nach meiner persönlichen Erfahrung kommt man am besten an, wenn man natürlich bleibt und niemandem etwas vorspielt.

Lanzarote

Wo der Gartenschlauch endet, endet auch die Vegetation

Am zweiten Januar flog ich dann nach Lanzarote, zu meinen zweiten Einsatz, voller Hoffnung, dass sich die erste Saison in etwa wiederholen würde. Ich erwartete ein tolles Team und noch bessere Gäste. Aber erstens kommt es anders und zweitens als man denkt.

Man liebt sie, oder man kann sie nicht leiden, diese Kanarische Insel im Atlantik im Nordosten Afrikas. Ich kam mir vor, wie auf den Mars geschossen, als ich mit Bus von Arrecife ins Hotel nach Costa Tequise rollte.

Costa Tequise ist ein großzügig angelegtes Ferienzentrum, eine Art Touristenoase, grade in die schwarz-rote Umgebung gepflanzt.

Da ich vorher in Kroatien war, fand ich es etwas öde. An der Stelle, an der der Gartenschlauch endete, endete die die ganze Pflanzenwelt. Eigentlich hatte ich eh nach Österreich als Pistenguide gewollt, aber das dortige Team war schon komplett. Da ich erst ab dem ersten Januar wegen Weihnachten und Silvester, arbeiten wollte, musste ich nehmen, was übrig blieb, und so gelangte ich wie fast jeder Animateur auch mal auf die Kanaren.

Es ist das Zielgebiet in dem sommers wie winters, mehr oder weniger, etwas los ist.

Von einem echten Team war hier nicht viel zu merken. Es war eine Ansammlung von Leuten, die sich gerade so akzeptierten. Mit einer ehemaligen Teamchefin, einer amtierenden und einer künftigen Chefin, wurde ich nun in einen herrlichen Zickenterror geworfen. Abgesehen davon, hatte ich einen männlichen Teamkollegen, bei dem ich mir nicht sicher war, ob er weiß, dass es noch ein anderes Geschlecht gibt. Nicht, dass ich ihn für schwul hielt, er hatte einfach kein Interesse. Genauso wenig konnte man mit ihm über typische Männerthemen wie Autos, Sport oder die Bundeswehr reden. Die Kinderanimateurin konnte mich schon am ersten Tag nicht leiden und der Nachtportier hielt mich für einen Trottel.
Da ich mich selbst noch in einem Bad voller Gewissensbisse wegen meiner Trennung befand, konnte ich mich zeitweise selbst nicht ausstehen, wie wollte ich es dann von anderen verlangen, mich zu mögen.

Das Hotel, ein einziges verzweigtes Gebäude mit zwei Pools auf zwei Etagen, lag gleich am Meer. Der Kinderclub war klein, der Hof davor aber mit hohen Zäunen und Türen gut gegen Ausreißer gesichert.

Das Theater befand sich, wie bei den meisten Hotels auf den Kanaren, im Inneren. Über der winzigen Bühne befanden sich Steckdosen für die Scheinwerfer zur Beleuchtung der Bühne. Aus einer dieser Steckdosen tropfte Wasser. Das war ermutigend, wenn man die Lichteinstellung machte. Lief man mit einem Getränk darunter durch musste man aufpassen, dass das Wasser nicht in den Becher tropfte. Schaute man auf seinen Becher, rutschte man allerdings in der Pfütze aus.

Mein Zimmer war eine etwas größere Abstellkammer mit Dusche. An den Wänden hatte sich ein Vorbewohner kreativ betätigt und eine Insellandschaft an die Wand gezaubert. Eigentlich sah es so aus, als ob sich ein Fünfjähriger einen Spaß erlaubt habe.

Schon am zweiten Abend sollte ich zu einer Comedyshow mit auf die Bühne. Unsere Teamchefin in Kroatien hatte bekanntlich keine Comedyshows gemocht, so dass ich also keinen blassen Schimmer hatte, wie so etwas zu laufen hatte. Vor der Requisite stand ein Tischchen mit Bier, ich dachte es sei für uns und bediente mich. Es war als Requisite für einen Sketch gedacht. So tappte ich erst mal von einem Fettnäpfchen in das nächste.

Aber woher sollte ich das was wissen, denn nach Kroatien kam keiner der Zielgebietsbetreuer oder Regionalleiter, so dass unsere Chefin in manchen Sachen ihre eigenen Regeln aufstellte. Wir wussten es ja nicht besser und befolgten die Anweisungen im festen Glauben, alles sei richtig so. Dementsprechend sauer und verständnislos war meine neue Teamchefin, so dass ich anfangs so einiges zu hören bekam. Welche Teamkleidung zur Ansage getragen wird, oder gar die Badehose in Veranstalterfarben, wenn man in den Pool geht. Ich trug auch in

Kroatien nie ein Kostüm zur Kinderdisco, davon hatte ich noch nie was gehört. Das ständige Gemeckere der gerade mal Zwanzigjährigen verstärkte natürlich meine l-m-a-A-Einstellung.

Ich konnte es drehen und wenden wie ich wollte: Es machte hier keinen Spaß. Wäre dies meine erste Saison gewesen, so ich hätte nach wenigen Wochen das Handtuch geworfen. Es gab freie Tage, an denen ich bis fünf gepennt habe, auf die Uhr sah und mich wieder rumdrehte, um weiter zu schlafen. Aber was willst du im Februar bei Mistwetter auf den Kanaren machen, wenn du allein bist. Gäste, mit denen ich was unternehmen konnte, gab es auch nicht immer.

Da ich nicht viel mit dem Team anfangen konnte, hielt ich mich, so wie es mein Job verlangte, die meiste Zeit bei Gästen auf. Ich regelte meine Programme so, dass ich fast den ganzen Tag am Strand vorm Hotel war. Volleyball, Fußball, Boccia und Badminton lief alles ohne, dass ich den Rest vom Team um mich herum hatte. Das war in Ordnung und machte einigermaßen Spaß. Ein Deutscher der sich als Surflehrer auf Lanzarote niedergelassen hatte, spielte fast jeden Tag mit Volleyball und bildete sich ein, unsere Gäste maßregeln zu können. Ich hätte ihn ausgeschlossen, wäre er nicht einer der wenigen gewesen, mit denen ich mich gut verstand.

Die Gäste versorgten mich oft mit Getränken, auch genug Alkohol. Da kann man sich manchmal auf den Kopf stellen, sie versuchen einen eben abzufüllen, aber wenn mich einer fragte, sagte ich auch nicht nein. Vor meiner Chefin und dem Team versuchte ich meine Haut auf die Frage, warum ich schon wieder eine Fahne hätte mit den unsinnigsten Ausreden zu retten, z.B. damit, dass ich gestern zu viel getrunken oder den falschen Becher erwischt hätte, weil die alle gleich aussahen.

Auch mein persönliches Wochenhighlight, eine Vulkantour war immer recht lustig, wenn ich statt Wasser Weinschorle dabei hatte. Ich wusste nur nicht, was ich hätte sagen sollen, wenn mich jemand um einen Schluck Wasser gebeten hätte, dazu kam es aber Gott sei Dank nie. Die Vulkantour ging den ganzen Nachmittag, bis zu unserem „Hausvulkan" und zurück. Das brachte mich jeden Freitag weg vom Hotel und dem Team. Wenn ich anschließend an die Tour Kinderdienst hatte und das war so ziemlich immer der Fall, dann verzögerte sich die Rückkehr immer automatisch, fünfzehn bis zwanzig Minuten waren da keine Ausnahme. Jedes mal durfte ich mir von dem eingesprungenen Kollegen was anhören, aber es war ja nicht meine Idee gewesen, den Plan so zu gestalten und meine Chefin hat nie daraus gelernt. Sie mochte mich, genauso wie ich sie, nämlich gar nicht.

Kinderessen oder Müllentsorgung

Überlegt man sich, dass gerade die Hotels auf den Kanaren zu denen zählen, die schon am längsten zum Reiseveranstalter gehören, ist es erstaunlich, wie wenig sie sich an die Voraussetzungen halten, die der Veranstalter vorgibt. Um ein Familienhotel zu werden, sind unter anderem folgende Dinge zu erfüllen: Ein Volleyballfeld, Platz für Boccia und Darts, eine Tischtennisplatte. Eine Bühne für Shows, Platz für Requisite, Kostüme und Möglichkeiten, diese zu reinigen. Ein separater Raum als Kinderclub und das Erfüllen des vereinbarten Speiseplans für das Abendessen für Kinder. War es schon alleine ein Akt an die Waschmaschine zu gelangen, weil ständig keiner da war, der den Schlüssel zur Wäscherei hatte, schoss die Auswahl des abendlichen Mals der Kinder den Vogel ab. Statt den abgesprochenen Nudeln, Würstchen, Pizza oder Hamburgern gab es Fischstäbchen, Tintenfischringe, Kartoffeln oder Nudeln ohne irgendwas dazu. Diese Gerichte wurden lediglich miteinander kombiniert oder einzeln in Aluwannen bereitgestellt. Es erweckte ein ums andere Mal den Anschein, dass die Küche ihre Reste entsorgen wollte. Das Essen war grundsätzlich zu kalt und manchmal waren nicht einmal Nudelzangen oder Löffel dabei, um alles auf die Teller zu laden, aber davon gab es ja im Restaurant allerhand. Waren keine beim Kinderessen, fehlten sie nach wenigen Minuten am Buffet.

Vom Regen in die Traufe

Da mein MP3-Spieler beizeiten den Geist aufgab, hörte ich in den Pausen ab und zu meine Musik über die Kopfhörer der Poolbeschallungsanlage. Eines Freitags tat ich das auch, wechselte aber vorm Aufbruch auf die Vulkantour nicht die CD. Als ich zurück kam lief diese CD immer noch, drei Stunden lang Technomusik mit Texten, in denen es um „Liebe zu dritt" oder „den schönsten Arsch der Welt" geht, auf voller Lautstärke in einem Familienhotel. Keinem meiner allwissenden und übercleveren Kollegen fiel das auf, aber den Gästen.

Einen Monat vor Saisonwechsel kam ein neuer Teamchef. Mit dem war ich auf unserem Seminar aneinandergeraten, wir hätten uns fast geprügelt, weil ich ihm auf den Fuß getreten bin, als er im Eingang stand, um zu rauchen. Auch er ein Paradebeispiel für jemanden, der vor etwas davonläuft und sich in die Animation rettet. Aus sicheren Quellen weiß ich, dass er als Waise in einem Kloster aufwuchs und nun versuchte nachzuholen, was er in den ersten 20 Jahren seines Lebens verpasst hatte. Wir klärten unser Verhältnis, und ich kam vom Regen in die Traufe. Grüße jeden Idioten, morgen könnte er dein Chef sein!

Mit ihm erschien allerdings auch noch einer, den ich sehr gut leiden konnte und der ein Jahr später mein Chef werden sollte. Ich hatte ihn auch auf dem Seminar kennengelernt und auf dem Skiopening wiedergesehen. Wenigstens ein kleiner Lichtblick.

Teeniealarm

Etwas, vor was mich ein erfahrener Animateur ganz am Anfang warnte, sind Teenies. Sie sind cool, sofern man sie auf seiner Seite hat, man fühlt sich wie ein Star, wenn sie einen im Chor beim Namen rufen, wenn man auf der Bühne steht. Sie können aber auch dein Alptraum werden, wenn sie einen falsch verstehen oder sich verknallen. Oder einfach nur angeben wollen mit Sachen, die sie über einen wissen.

Es waren mindestens 25 Teens in einer Osterferienwoche im Hotel in Costa Tequise. Fast nur Mädels zwischen 14 und 16 Jahren, schneller Grüppchenbildung und Zickereien. Wir waren drei Kerle zu dieser Zeit, egal wie du als Animateur aussiehst, du bist interessant. Die Mädels versuchten einander auszustechen, indem sie sich erzählten, was sie alles von uns gesehen hatten, als sie durch Zufall natürlich, an unserer offenen Requisitentür vorbeispazierten. Ebenfalls saßen sie als Zuschauer beim Volleyball, da wir meist oben ohne spielten. Eine besonders Schlaue erzählte sogar in der Anlage herum, dass, wenn sie wollte, jeden von uns Jungs rumkriegen könne. Es ist peinlich, so etwas angesichts der alten Vorurteile von Gästen zu hören. Gleich wird man noch mehr bei seinen Tätigkeiten beobachtet, wie verhält er sich, hat er seine Hände bei sich oder an unerlaubten Stellen und hat er ihnen jetzt wirklich nur Cola mitgebracht?

An einem Abend gingen wir, also das Animationsteam, in eine Karaokebar. Die Teeniemädels erzählten ihren Eltern, dass sie mit uns mitgehen und alles zum Programm gehöre. Wir gingen nicht mit ihnen zusammen, aber sie folgten uns einfach. Die Eltern gingen am nächsten Morgen fuchsteufelswild auf uns los, da ihre lieben Kinder sternhagelvoll zurück auf die Zimmer getorkelt waren. Dass die jungen Damen erfahren hatten, was wir nach Feierabend machen und sich dabei komplett abgeschossen haben, hätte uns fast unseren Job gekostet. Es blieb aber bei diesem Einzelfall, zumindest lange Zeit. Allerdings machen nicht nur Teenies solche Dummheiten. Eine Kellnerin aus unserem Hotel, eine Deutsche, verliebte sich im Urlaub auf Lanzarote in einen Spanier. Für ihn ließ sie alles daheim stehen und liegen. Nach wenigen Wochen war die Sache vorbei und sie um eine Erfahrung reicher.

Dass ich dem Ende meiner ersten Wintersaison recht froh entgegensah, sollte keine Überraschung sein. Mein heldenhafter Klosterschüler-Teamchef hatte mir immer wieder das falsche Abflugdatum genannt. Zwei Tage vor dem Flug berichtete er mir, dass er sich getäuscht habe und ich einen Tag früher fliegen würde. Das bedeutete auch, dass meine Mutter, die mich vom Flughafen abholen wollte, den falschen Tag freigenommen hatte. Er verstand gar nicht, dass ich etwas ungehalten darüber war.

Zudem hatte ich ein paar Tage vorher etwas für die Requisite aus eigener Tasche bezahlt. Mein Chef wollte mir erzählen, dass er das nicht so schnell abrechnen könne und ich darauf verzichten müsse. Meine Kollegin drückte mir das Geld

aus unserer Kaffeekasse, der sogenannten „Anikasse" in die Hand und bad mich zu schweigen. Natürlich hatte ich an diesem Tag noch volles Programm mit Kinderdisco und Show und wie es der Zufall wollte, hatte keiner meiner Kollegen Zeit, mit mir zu tauschen. Die einzige, die dazu bereit gewesen wäre, lag mit Fieber im Bett. Unzählige Male tauschte ich mit Teamkollegen, wenn sie etwas anderes zu tun hatten. Mit mir tauschte keiner, und den freien Tag zum Kofferpacken und Zimmerputzen hatte ich ja nun auch nicht mehr.
Etwa ein Jahr später erfuhr ich, dass das komplette Team, das fast vollständig ausgewechselt wurde, als die Sommersaison ins Haus stand, sich einig darüber war, dass der Chef ein Idiot sei. Das änderte sich auch über die ganze Saison nicht.
Alles in allem klappte es dann doch noch, und ich wurde sogar von meiner Mutter am Leipziger Flughafen abgeholt.

Alkohol

Ein ernstes, nicht zu unterschätzendes Thema in der Animation ist der Alkohol! In meiner ersten Saison, tranken meine Chefin und ich jede Menge. Nicht zuletzt war ich dies noch von der Bundeswehrzeit gewöhnt. Es ist auch eine Tatsache, dass man von den Gästen dazu ermuntert wird, allerdings machen diese so was nur zwei Wochen, ein Animateur ein halbes Jahr lang. Man sollte genau dann nicht vergessen, dass man eine Vorbildfunktion hat, gegenüber den Kindern und vor allem den Jugendlichen, welche einen auch mal bitten, ihnen etwas Alkoholisches mitzubringen. Abgesehen davon unterschreibt ein Animateur auch, nur verdünnten Alkohol zu trinken.

Auf Fuerteventura, Lanzarote, Bulgarien und Österreich durften wir hinter die Bar gehen. Das heißt, dass man oft selber zum Zapfhahn geht oder sich eine Flasche mitnimmt.

Andere Kollegen, die ich in dieser Zeit kennenlernte, putzten sich morgens wahrscheinlich mit Alkohol die Zähne. In Kroatien trank meine Chefin gerne tagsüber einen. Unser Dj in Bulgarien und die ein oder anderen Kollegen auch. Aus Eifersucht machten meine Kollegin und ich in Österreich eine Hüttentour. Auf Menorca hatten wir unser Bier in der Pause, vom Chef aus „befohlen"! Schokolikör ersetzte den Kakao auf Kreta. In Portugal bekam eine Kollegin Alkoholverbot, da sie sich ständig unzurechnungsfähig verhielt.
Kurz und gut: Man sollte sich darüber im Klaren sein, dass Hopfen und Malz verloren sind, wenn man sich zum Thema Alkohol keinen reinen Wein einschenkt! Auf Dauer schädigt es nicht nur den Job, sondern auch der Gesundheit! Was andere Drogen angeht habe ich erstens fast keine Ahnung oder Erfahrung, zudem kam ich, außer auf Kreta, auch im Ausland nicht großartig damit in Berührung.

Bulgarien

Ballermann am Balkan

Zu Beginn dieses Kapitels möchte ich aktiven oder ehemaligen Animateuren und Gästen hochqualitativer Hotels und Freunden der gepflegten Animation mitteilen, dass ich in dieser Saison gerade 22 Jahre alt war und ich, neben meiner etwas pubertären Art, die Dinge zu sehen, es einfach nicht besser wusste. In Bulgarien öffnete sich eine Welt der Animation, wie ich sie nie für möglich gehalten hätte. Alles, was passierte, haben meine Kollegen und ich genommen, wie es kam und jede Sekunde davon genossen. Freigetränke, Discobesuche, Freifahrten mit Go-Karts und Wasserspaßgeräten und jede Menge Kontakt zum weiblichen Geschlecht. Kurz, meine Saison in Bulgarien belegte mir alle Klischees und war die beste die ich hatte.

Man bekommt in der Sommersaison einen Einsatzfragebogen, Wunschzettel habe ich die immer genannt. Man gibt an, ob man als Animateur weitermachen will, in welchem Zeitraum und in welchem Land man gerne eingesetzt werden würde. Man gibt auch an, wohin man nicht will, darauf wird im Allgemeinen auch geachtet. Vor allem als Blondine nach Nordafrika oder in manche Länder Osteuropas zu gehen, ist sicher ein Abenteuer. Es kann nicht jeder Wunsch erfüllt werden, da es Länder gibt, in die mehr Leute wollen, wie Spanien und Griechenland, aber nach Osteuropa wie Kroatien und Bulgarien wollen die wenigsten.

Als ich Bulgarien angab, wollte ich nur das sehen, was ich mit vier Jahren 1989 noch nicht richtig mitbekam. Da ahnte ich noch nicht, dass mittlerweile der Ballermann am Balkan ist. Ich stieg in Frankfurt am Main ins Flugzeug, das schon eine Stunde Verspätung hatte, da am Check in Dienst nach Vorschrift geschoben wurde. Der letzte der den Flieger bestieg kam mir bekannt vor, es war mein Chef. Den hatte ich auf dem Skiopening schon mal gesehen. Wäre er nicht da gewesen, wäre ich im falschen Hotel gelandet, denn meine Firma hat mir nur den Namen des Hotels genannt, in den ich eingesetzt werden sollte und nicht den, in dem ich die erste Woche übernachten würde, weil unseres noch nicht offen hatte. Nach einer Rundfahrt von über zwei Stunden hatte der Bus an gefühlten 50 Hotels angehalten, bis wir endlich unseres erreichten.

An der Lobby begrüßten uns sofort zwei unserer künftigen Kolleginnen und nannten uns freundlich ihre Namen. Gut, dass es Bulgarinnen waren und ihr Deutsch daher nicht perfekt, denn sonst hätten sie verstanden, dass mir ihre Namen echt egal waren. Ist schon komisch, wie gereizt man reagieren kann, wenn man nur zu Bett will. Die Überraschung sollte aber noch kommen.

Von dem, der mich in meinem Zimmer erwarten sollte, hatte ich wegen vielen Weibergeschichten, schon gehört. Da hat man ja ein Bild vor Augen wie so ein Frauenheld aussieht, groß, gut gebaut?! Die Tür öffnete sich und ein kleines dünnes Männchen stand da und sprang mich an. Er sollte in der Saison unser DJ in der hauseigenen Disco sein, war durchgedrehter als ein Laufrad in einem Hamsterkäfig und lebte jeden Tag wie den letzten. Dazu hatte er auch allen Grund, da er dem Tod ein paar Jahre zuvor von der Schippe gesprungen war. Allerdings sollte man die Fackel des Lebens nicht auf beiden Seiten anzünden.

Die Klimaanlage war auf volle Pulle gestellt, so dass es mich wunderte, dass es in diesem Zimmer nicht angefangen hatte zu schneien. Wir waren aber viel zu faul, das Ding auszustellen, also zogen wir uns die Decken über die Köpfe und froren vor uns hin.

Obwohl wir alle Deutsch redeten, war ich die ersten Tage der einzige Deutsche. Da waren noch mein Chef aus dem Irak, unser DJ aus Polen, unser Regionalleiter aus Tunesien und drei Bulgarinnen. Allerdings bestand unser Team nie lange aus einer Konstellation, etwa alle zwei Wochen tauchte jemand Neues auf, oder es ging wieder jemand, so dass es nie langweilig wurde.

Schlafen unmöglich

Die Stadt Albena wurde in den sechziger Jahren als Urlaubsort aus dem Boden gestampft. Auch die damaligen Oberhäupter mancher osteuropäischen Länder machten dort schon Ferien. Sie verfügt über keine Privathäuser. Hotels, Shops, Discos und Bars, sowie etliche Gaststätten bestimmen das Bild, um den Ort herum ein hoher Zaun, der dafür sorgt, dass kein Zigeuner oder dergleichen die zahlenden Gäste beklaut oder anderweitig stört. Am einzigen Ortsein- und -Ausgang, mit der einzigen Straße, die welche die Busse, Autos und den Güterverkehr in die Stadt führt, stehen Wächterhäuschen mit Schranken. Taxis dürfen nur zwanzig Minuten verweilen. Touristen von außerhalb müssen Kurtaxe berappen.

Der bis zu 120 Meter breite Strand erstreckte sich über sechs Kilometer entlang des gesamten Ortes. An der Promenade erhebt sich eine Bettenburg neben der anderen. Die etwas weiter vom Strand entfernten Hotels haben Hanglage.

Zum ersten Mal arbeitete ich abwechselnd in zwei Hotels, die nebeneinander liegen. Das eine war eine Anlage mit 1200 Betten und zwei Pools auf zwei Etagen, die über zwei Rutschen verbunden sind, einem Volleyballfeld in der prallen Sonne und einem Allroundsportplatz genau daneben. Der Kinderclub war ein in die Pampa geworfenes, achteckiges Glashaus.

Die Shows fanden in einem kleinen Amphitheater statt. Das Dach war einem Zirkuszelt nach empfunden. Gegenüber der Tanzfläche, auf der Rückseite des Gebäudes lag die Poolbar.

Das andere Hotel hatte Platz für etwa 800 Gäste, eine hauseigene Disco und ein Amphitheater, fast dreimal so groß wie das in der anderen Anlage.

Übernachtet haben wir aber alle in letzterem. Unsere Zimmer lagen im Erdgeschoss, genau in der Einflugschneise zur Rezeption. Sie waren moderig, schimmlig, und morgens knallte die Sonne hinein.

Wer mal früher zu Bett wollte, konnte man aber trotzdem nicht schlafen, denn die Leute, welche die Disco oder die Bars verließen, machten ein Spektakel ohne Ende. Alle gingen oder krochen an unseren Zimmern vorbei. Also war es das beste, jeden Abend mitzugehen mit der Folge, dass ich selten vor drei Uhr im Bett war.

Zu allem Übel lief mein Spülkasten über und jeder meiner Versuche, die Überflutung mittels meines Mülleimers zu stoppen, indem ich ihn darunter stellte, wurde durch die sorgsame Putzfrau fast täglich vereitelt, in dem sie ihn einfach wieder wegstellte.

Zwischen den beiden Hotelanlagen lag ein kleines Waldstück, in dem ich einmal meinen Zimmerschlüssel verlor. Jedes Zimmer im Hotel hatte einen Ersatzschlüssel, nur nicht das Meine, Zimmer 007. Über der Tür war ein kleines schmales Fenster, das ich nutzte, um rein- und rauszugelangen. Manche Gäste nutzten diese Kletterparty auch als Trinkspruch. „Rechtes Bein aufs Fensterbrett, linkes Bein aufs Fensterbrett und ab durchs Loch“. Wer den Schaden hat, braucht für den Spott nicht zu sorgen. Anderthalb Wochen lang dauerte es, bis ein neues Schloss kam.

Wir waren die meiste Zeit zwischen zwölf und vierzehn Leuten, auf beide Häuser aufgeteilt, was optimal war. Wenn man Ärger hat, braucht man einen Pol zum Reden und abreagieren. Sich bei den eigenen Teamkollegen ausjammern zu können en ist schlecht, da das dann rumgetratscht wird. Zu Gästen kann man auch nicht gehen, da es sie nichts angeht, und man selber ist schließlich für die gute Laune da. Also kann man denen seine Probleme auch nicht auftischen. Wir hatten aber noch den anderen Teil des Teams, deren Mitglieder genug Abstand zu uns hatten, aber wussten wovon wir reden, weil es ihnen genauso ging. Also fanden wir in dem jeweilig anderen Team stets einen guten Gesprächspartner.

Bulgarien ist noch das günstigste Urlaubsland Europas. Das bedeutet nichts anderes als dass alle, die vor 15 Jahren nach Mallorca geflogen wären, jetzt ans Schwarze Meer zum günstigen „Partymachen“ jetten.

Der eine Teil vom Team war deshalb für ein Konzept zuständig, das nur für Gäste zwischen achtzehn und dreißig vorgesehen war, keine Kinder und keine älteren Gäste, nur Sport, Fitness und Unterhaltung, ohne großartig darauf zu achten was man sagt oder tut.

Die Namen standen auch nicht mehr, wie gewohnt auf den Keyholdern, sondern auf den Hosen am Hintern, da schaute man auch öfter hin. Anstatt Familienolympiade standen Saufspiele auf der Tagesordnung, statt Bingo gab es Pärchenspiele. In der prallen Sonne gibt das schon am Vormittag die ersten Alkoholleichen und die besten Beispiele für Alkoholkonsum bz.. -missbrauch in der Animation. Wenn man einen Schluck Bier in den Mund nimmt und den Kopf schüttelt, quillt einem der Schaum aus der Nase. Wenn man einen halben Liter Bier und einen halben Liter Cola auf Ex trinkt und von einem Stuhl springt, hat man Glück, wenn alles drin bleibt. Waren die Hemmungen runter gespült, kamen die Verkuppelversuche. So tauschten zum Beispiel im Pool die Jungs mit den Mädels ihre Badekleidung, was teilweise sehr merkwürdig aussah.

In Kroatien und auf Lanzarote bestand das Sportprogramm aus den herkömmlichen Aktivitäten wie Darts, Boccia und Volleyball. In Bulgarien hatten wir im Tagesprogramm neben Rollerbladen auch die Möglichkeit Go-Kart, Banane und Jetski zu fahren. Unsere Urlauber bezahlten etwas weniger „nur Heute für sie Special Price" und die Animateure für die wöchentlichen Motorsportprogramme gar nichts.

Ging es in meinen ersten beiden Saisons noch recht ruhig zu, hieß es hier „Sex, Drugs and Rock and Roll". Wobei sich bei mir die Drogen auf Alkohol beschränkten und der Rock and Roll durch Technomusik in den Discos ersetzt wurde, der Sex blieb.
Natürlich gab es passend zum Konzept auch eine Abendshow, speziell für diese Art von Animation, mit Musik aus den letzten zwanzig Jahren und viel nackter Haut.
Das war Animation wie sie klischeehafter nicht sein konnte.

Verlaufen

Wir hatten, abgesehen von der Kartbahn und dem Jetskiverleiher, einen Vertrag mit einer Disco und einer Cocktailbar, schleppten also unsere Gäste dahin und erhielten dafür freie Getränke. Nachdem wir diese Lokalitäten ausfindig gemacht hatten, wollten wir auch mal einen Blick in einen Club eines namhaften Erotikmagazins am Strand werfen. Nachdem unser DJ die hauseigene Disco abgeschlossen hatte, klopfte er an mein Zimmer. Ich stand gerade unter der Dusche, da es schon vier Uhr war und ich halb zehn wieder Gewehr bei Fuß stehen musste. Ich ließ mich aber dennoch überreden mitzugehen. Laut der kleinen Albenastraßenkarte in der Hotellobby sollte der Club die Straße runter und dann auf der rechten Seite sein. Da wir erst eine Woche da waren und unsere Orientierung nicht die beste war, verliefen wir uns nach allen Regeln der Kunst. Die Straße schlängelte sich um eine Kurve und wir wanderten fast zwei Stunden in die falsche Richtung. Mir fiel irgendwann auf, dass das Meer auf der falschen Seite lag, also gingen wir zurück. Es war gegen sieben, als wir endlich dort ankamen. Gerade beim Aufräumen witterten die Mädels ihre letzten Kunden, dabei wollten wir nur ein Bier trinken, bei dem Preis von umgerechnet elf Euro für 0,3 Liter ist es auch nur eins geworden. Die Damen waren recht sauer, als wir danach wieder gingen. Gegen acht waren wir wieder im Hotel, geschlafen habe ich in dieser Nacht nicht.

Gemeckert werden muss über das Essen im Hotel, ein Katastrophe. Die Auswahl war in Ordnung, aber sehr fettig und von minderer Qualität, abgesehen davon hatte es immer an der Würze gefehlt. Viele der Gäste – und die meisten aus den Teams – hatten während der Saison Magenprobleme. Ich ebenfalls, allerdings in der Nacht zu meinem freien Tag, so konnte ich mich an diesem auskurieren. Krank am freien Tag, das war immerhin sehr arbeitgeberfreundlich.

Das Beste war das Frühstück mit Schauküche für Eierkuchen. Bulgarien lockt aus Preisgründen viele Osteuropäer an, die den Überfluss an Essen nicht gewohnt sind.

Wir alle kennen diese Situation. Man steht am Buffet und wartet auf die Eierkuchen, die gerade frisch zubereitet werden. Man steht hinter jemandem, dessen Teller schon mit Eiern, Würstchen, Brötchen und Melonenstücken überfüllt ist. Während man wartet unterhält sich dieser Mensch mit seinen Mitreisenden über fünf Tische, durch das halbe Restaurant, so laut, dass man seinen eigenen Gedanken nicht mehr versteht. Wenn die Eierkuchen fertig sind nimmt der Gast sich alle und lässt nicht einen einzigen übrig. Während man auf die nächsten wartet, sieht man wie er zu seinem Platz geht. Er probiert von allem was er auf seinem Teller hat einmal, dann schiebt er den noch vollen Teller weg und holt sich einen neuen.

Aufgrund dessen kaufen AI Hotels große Mengen in schlechterer Qualität, weil ohnehin die Hälfte weggeworfen wird. Oder sie heben einfach die Preise an, was wiederum Urlauber abschreckt. Es ist eine Schraube ohne Ende.

Man muss auch immer ein Auge auf derartige Gäste haben, da man ihnen auch nicht immer trauen kann, auch wenn das jetzt nach Vorurteilen klingt.

Eine Gruppe Rumänen tobte sich jeden Abend am Pool aus und am nächsten Morgen sah es aus wie nach einem Bombenangriff. Auf dem Weg zum Frühstück fiel mir eine Goldstaubspur auf, die mich an unseren eigenen Goldstaub aus der Requisite erinnerte. Als mich dann die erste Laterne anlächelte, da ihr ein Gesicht mit farbigem Haarspray aufgemalt wurde, dämmerte es! In unserer Requisite wurde eingebrochen. Wir konnten es ihnen nicht nachweisen und einen Gast in der Art zu beschuldigen, wäre zu viel gewesen. Daher nahmen wir hin, dass unsere „Anikasse“ mit den Trinkgeldern, die Pfandgelder für die verliehenen Sportartikel, etwas Goldstaub und Haarspray fehlte.

Feuchter Sand

Fragt man Mädels, wo sie gerne mal Sex haben möchten, antworten die meisten „am Strand“. In der zweiten Woche hatten wir schon gut Betrieb im Hotel und wie gesagt, alles junge Leute. Außerhalb des Hotels war noch nicht so viel los, also hängten sich die meisten der Gäste an uns dran. In einer Gruppe quer durch den noch leblosen Ort streifend, wurden die Leute von dunklen, uneinsehbaren Ecken, immer pärchenweise verschluckt. Merkwürdig, wollten wir doch alle zum Strand. Wir kamen zu zweit dort an und bevor ich Meer sagen konnte, lag ich schon zwischen aufgestapelten Liegestühlen und Tretbooten, die einen tollen Sichtschutz boten im feuchtem Sand. Auf dem Weg zurück ins Hotel sagte sie, dass sie es nie wieder am Strand tun wolle, da sie ihn überall hinbekam.

Die Mädels, die mit Kerlen spielten und sich gerne erobern ließen, hatten in Bulgarien schlechte Karten. Es gab einfach genug. Hat es mit der einen nicht geklappt, hat man es bei einer anderen versucht. Mit der Einstellung, dass sie schwer zu kriegen seien, liefen die Mädels beizeiten auf. Allerdings konnte man sich dann auch auf Zickenterror einstellen, da die meisten damit nicht klarkamen. Wenn sie nicht zu stolz waren, hat man sie danach noch rumgekriegt.
Ich hatte es anfangs nicht geglaubt, dass Bulgarien das neue Mallorca ist. Nach dem ersten Monat gingen allerdings meine Verhüterlies zur Neige, also musste ich ständig neue besorgen. Die Präservative verstaute ich überall, in der Brieftasche, im Rucksack, in der Laptoptasche und in der Kameratasche, ich war ausgerüstet.
Tja, mach´s mit.

Ohne Niederlagen weiß man seine Erfolge nicht zu schätzen. Im ersten Drittel der Saison kam eine neue Kollegin, sie stammte aus Magdeburg, hatte zwei verschiedene Haarfarben und war so aufgedreht wie ein Känguru auf Speed. Gerade wegen ihrer Art, hatte sie auch gelegentlich Bettgenossen, was mich so jetzt nicht gestört hätte, ich war ja nicht besser. Bei ihr allerdings war das anders, es störte mich etwas. Wenn ich mal in eine Teamkollegin verknallt war, mit der nichts gelaufen ist, dann in sie. Ungeschehene Tatsachen bringen einen Mangel an Folgen mit sich, ich habe es ihr nie erzählt.

Alles in allem kann man allerdings sagen, dass sich die Damen, ob Gast oder Teammitglied, in dieser Saison die Klinke in die Hand gaben, bei mir und auch bei allen anderen männlichen Kollegen.
An den freien Tagen, die ich mit meiner Familie für Ausflüge nutzen wollte, konnte ich kaum die Augen offenhalten. Ich war so fix und fertig von den nächtlichen Discobesuchen und Bettgeschichten, dass ich einfach so im Mietauto oder am Strand einschlief.

Mein zweites Zuhause

Die Disco war nicht sehr groß, aber echt klasse, mit Außenbereich und Balkons im Inneren, Treffpunkt von Hunderten junger Gäste in Albena. Übersetzt hieß sie„Waldkönig“, der beste Ort, um den Tag ausklingen zu lassen oder ihn zu be-

ginnen, wenn man erst um Mitternacht Uhr Feierabend hatte. Selbst wenn wir ohne Geld hinkamen, konnten wir uns kugelrund saufen.
Wegen des Teams im Sommer zuvor, das sehr oft ohne Gäste die Disco besucht, die Karte hoch und runter gesoffen und somit nicht für Umsatz gesorgt hatte, hatten wir nicht alle Getränke frei sondern nur Bier, Rum-Cola und alkoholfreie Sachen. Cocktails, Wodka-Energy und ein paar außergewöhnliche Schnäpse waren zu berappen, z.B. Feuerwässer, bei denen erst der Schnaps in Brand gesetzt und dann der verbrannte Alkohol eingeatmet wurde. Oder solche, wo man den Rest aus dem Glas mit einem Strohhalm durch die Nase zog, warum auch immer. Das interessierte mich aber nicht, da ich am liebsten Bier trinke. Weil ich fast jeden Abend dort war, wurde diese Disco von meinen Kollegen als mein zweites Zuhause bezeichnet.
Das einzige was etwas abschreckte, war der Weg zum Hotel zurück, bergauf ein Schritt wie drei.

Mein Chef und ich hatten ein Spiel. Auf der Bühne tanzte ich zwar, aber in der Disco war ich am Tresen, mit Glas in der Hand ein Fußwipper. Das brachte so manches Mädel dazu, mich auf die Tanzfläche zu locken. Mein Chef sagte: „wenn ihr den zum Tanzen bekommt, gebe ich euch einen aus, wenn nicht ihr mir“. Er ist öfters recht betrunken aus der Disco raus.

Ich bin natürlich nicht immer stehengeblieben, wenn ich etwas für die Nacht erahnte, kam ich mit. Dann glaubten sie mir zumindest, dass ich nicht tanzen kann und Bühne und Disco was Verschiedenes sind.

Nachdem wir in einen Geburtstag reinfeierten, stand ich am nächsten Morgen mit etwas schwerem Kopf auf, dennoch recht stolz auf mich, dass ich den Weg von der Disco allein ins Hotel gefunden hatte. Allerdings habe ich mir erzählen lassen, dass mich zwei Leute gestützt haben und ich eine Blondine unterwegs abgeknutscht hätte. Die wusste das aber auch nur noch durch Erzählungen.
Ein weiteres Mal verspürte ich Hunger nach dem Discobesuch und beschloss kurzerhand in unsere Poolbar einzubrechen. In einem kleinen abgeschlossenen Raum neben unserer Bühne wurden die Flaschen, Fässer und Knabberzeug über Nacht gelagert. Ich erklomm den Vorhang, kletterte über das Gebälk und von oben angelte ich mir eine Tüte Chips und einen Liter Whisky. Warum ich den Whisky mitnahm, weiß ich allerdings nicht mehr. Es fragte keiner nach den Sachen, es hätte jeder an der Bar holen können, was er wollte, da sogar tagsüber das Barmädels und ein Kellner zeitweise gemeinsam verschwanden. Was immer sie auch trieben, die Bar ließen sie allein. Hätte mich einer gefragt, ich hätte es auf die Rumänen geschoben.

Katzenklo

Was ich in dieser Saison, wie in keiner anderen sehr genoss war, dass mein Chef alle Stücke auf mich hielt und ich der „Pitbull" im Team war. Die Nummer eins, der Maßstab und wenn der Chef nicht da war, hatte ich das Kommando, ich war genau und machte alles nach Vorschrift. Nicht zuletzt weil ich ein paar Monate vorher auf Lanzarote ziemlich lieblos und hart die Regeln beigebracht bekommen hatte. Abgesehen davon war der muskulöse Iraker der beste Chef, den ich je kennengelernt hatte. Er wusste, wen er wo einsetzen konnte und wer welche Stärken hatte.

Ein großer Teil der Moderation, der Proben und der Aufsicht wurde mir übertragen. Nebenbei machte ich noch Dekoration, Lichteinstellung und Kostümvorbereitung. Ich hatte also alle Hände voll zu tun, aber je mehr es wurde, desto mehr Spaß machte es. Ab und zu hatte ich aber auch die Ehre hinter anderen herzuräumen, wie das tägliche Umräumen der Musikboxen, weg vom Pool in Richtung Bühne, weil es vom absagemachenden Kollegen vergessen wurde.
Eines Abends rief mich gegen ein Uhr mein Teamchef an. Er sagte, dass noch Licht im Amphitheater brenne, ich möge doch mal nachschauen und unseren Kolleginnen, den „Ladys", wie er sie immer nannte, sagen, dass sie Schluss machen sollten. Sie wollten noch proben und machten deshalb die Lichter auf der Bühne an.

Ich sah im Theater nach, alle 15 Scheinwerfer waren an, aber keine unserer „Ladys" war zu sehen. Sie mussten es wohl übersehen haben, dass beim Verlassen der Bühne noch alle Lichter brannten. Natürlich übersieht man schon mal mitten in der Nacht 15 Scheinwerfer, die voll aufgedreht eine Bühne erleuchten, auf der man eben noch Tanztraining stattgefunden hatte.
Gerade, weil alles, was ich tat, einigermaßen Hand und Fuß hatte, wurden mir auch noch andere Verantwortlichkeiten übertragen. Im Katalog des Veranstalters stand, dass in der Nachbaranlage ein Indianerzelt für Kinder stehen solle, also hatte ich die Ehre es aufzubauen. Ich schnappte mir ein paar Teenies um die oberschenkeldicken Balken an Ort und Stelle zu schleppen. Nach einer guten Stunde stand es da und war alles, nur nicht anmutig. Durch die feuchter werdenden Abende roch das Zelt mit der Zeit muffig und wurde statt von Kindern von Katzen benutzt, so dass wir es nach wenigen Wochen wegwarfen.

Bekloppt

Die Kleidung in Bulgarien war spottbillig, natürlich alles echte Fälschungen, aber manche der Sachen habe ich immer noch. Wir verbrachten die freien Tage meist in einer Stadt namens Dobritch, per Minibus für etwa zwei Euro erreichbar war. Dort aßen wir Mittag, denn für drei bis fünf Euro wurde man mehr als satt.

Weil es so günstig war, war ich an den diesen Tagen meist zum Shoppen verdonnert. Da die Einkaufsrunden meiner bildhübschen Kolleginnen meist in einem Unterwäschegeschäft endeten, hatte ich da nichts dagegen. Ich durfte meinen Kopf oft durch die Vorhänge der Umkleidekabinen stecken, um zu beurteilen, was den Mädels stehe und was nicht. Man kennt nach einer Saison eh seine Kollegen in Unterwäsche oder noch weniger bekleidet. Bei den teilweise hektischen Kleidungswechseln hinter der Bühne während den Shows sieht man alles und noch mehr.

Man verliert mit der Zeit ebenfalls die Hemmungen vor den Gästen und ein kurzes Hoserunterziehen und Hinternzeigen, um vielleicht die Gegner beim Volleyball zu verwirren, gehörte dazu, aber nicht nur da.
Wir waren jeden Abend auf der Bühne und wetteiferten mit exhibitionistischen Einlagen. Wenn ich jetzt so darüber nach denke, war das eigentlich verrückt!
Bei einem Ansagesketch stand ich regelmäßig nur mit zwei Hüten bekleidet auf der Bühne, einer vorne, einer hinten. Bevor ich allerdings so auf die Bühne kam, musste ich mich den Kitzelattacken meiner Kolleginnen stellen, die nicht aufhörten, bis ich auf die Bühne musste oder zumindest einen der Hüte wegnahm.

Aus Intrigen und Zickerein hielt ich mich weitgehend raus, weitgehend! Auch ich brauchte jemanden, mit dem ich mich zoffen konnte, so dass mir eine der Bulgarinnen recht gelegen kam. Sie war vier Jahre älter als ich und ließ sich daher wenig von mir sagen. Ich hatte aber mehr Erfahrung und Ahnung, also gerieten wir ständig aneinander. Sogar mitten auf der Bühne, während meiner Moderation zu einer Gameshow fing sie eine Diskussion über die Spielregeln mit mir an. Ihren Unmut über meine Anwesenheit machte sie regelmäßig bei einer Comedyshow Luft. Sie durfte mir bei einem Scetch einen nassen Scheuerlappen um die Ohren hauen und das tat sie auch, so gut sie konnte. Hatten wir nicht gerade einen Anfall unserer Hassliebe, verstanden wir uns aber recht gut.
Obwohl ich dies bestimmt ab und zu verdient hatte, ganz fehlerlos war sie auch nicht. Das beste Beispiel war, dass sie anderthalb Monate lang mit den Kindergruppen zum falschen Bananenbootfahrer ging, anstatt zu dem, mit dem wir einen Vertrag hatten und das obwohl sie besser als die meisten anderen aus unserem Team die bulgarische Sprache beherrschte. Der verwechselte war natürlich glücklich über regelmäßige Kunden, der andere meldete sich sechs Wochen nach der Vereinbarung und wollte wissen, wo der versprochene Kinderclub einmal pro Woche bleibe.
Aber auch die hoch angepriesene deutsche Wertarbeit blieb hin und wieder auf der Strecke, denn unsere Teenieanimateurin war ein Fall für sich. Sie kam mitten in der Saison frisch nach dem Abi, im Gepäck einige Jahre am Theater und hielt sich, gelinde gesagt, für etwas Besseres. Sie sollte die Teeniediscotour am Sonntagabend übernehmen, die ich bis dahin schmiss. Ich hatte aber Woche für Woche die Diskussionen satt. Start zur Tour war gegen elf, die Disco füllte sich aber erst nach Mitternacht, deshalb wollten die meisten erst nicht hinein. Das Alko-

holverbot ging vielen wider den Strich. Rauchen durften sie nur, wenn ich es nicht sah und das eigentlich auch nicht. Halb zwei gingen wir wieder ins Hotel zurück, was für die nächsten Diskussionen sorgte, denn die meisten wollten länger bleiben. Unsere neue Teensanimateurin allerdings hatte das Verantwortungsbewusstsein eines Kuckucks.

Als sie das erste Mal allein mit den Teens die Disco besuchte, hatte mein Chef eine Eingebung und wir fanden uns gegen halb zwei ebenfalls dort ein. Draußen stand die ganze Teenybande aber kein Animateur weit und breit. Unsere Kollegin zog die Tanzfläche ihrer Aufsichtspflicht vor. Sie wollte länger bleiben, da die Musik gerade so toll war, also durfte ich wieder ran.

Genau sie war es auch, die den Jugendlichen zeigte, wo unsere Zimmer lagen. So was macht man einfach nicht, nicht in einem Beruf in dem jede Minute in Ruhe Gold wert ist. Das war eine Katastrophe, denn diese warteten vor unseren Zimmern auf uns oder kamen an und klopften an die Türen. Die Teens waren einsichtig und gingen. Es schien, als würden sie die Einsicht der neuen Kollegin gleich mitnehmen, denn ihr ging sie vollkommen an.

Erwischt

Eine meiner bulgarischen Kolleginnen war wie die meisten Bulgarinnen bildhübsch, allerdings auch verdammt arrogant. Nachdem sie ihre Programme legte wie sie wollte, wurde sie nach kurzer Zeit entlassen.

Aber auch ich hatte manchmal das Gefühl, dass ich mit meiner Freizügigkeit auflief. Mehrmals direkt nach einem meiner Verstöße gegen die Verhaltensregel, was den intimen Umgang mit Gästen anging, sprach mich unser Zielgebietsbetreuer, der dummerweise mit im Hotel wohnte, an. Er bestellte mich zu sich ins Büro und fragte, ob es mir gefalle. Natürlich gefiel es mir, also war meine Antwort klar. Ich erwartete dann immer, dass er sagt, dass ich mich an die Regeln halten sollte, wenn es mir so gut gefalle und ich weiter vor Ort bleiben wolle. Allerdings und das war auch gut so, kam es nie so. Er fragte mich einmal, ob ich Lust zum Teamchef hätte, da meine Arbeit sehr gut sei und auch die beiden Teamchefs das genauso sehen würden. Ein anderes Mal ging es um meine vorerwähnte bulgarische Kollegin, die ihre Arbeit nicht machte, weil sie unzufrieden war. Es ging um dies und das, aber nie um meine Verstöße, oder, dass ich dabei erwischt worden sei. Ich stand dennoch jedes Mal vor ihm, wie vor meinem Henker. Was ich mit der Zeit mitbekam war, dass er auch nicht besser war. Trotz Kind und Frau nutzte er die Gegebenheiten wie wir alle. Hätte er einen gekündigt, hätte er es mit allen machen müssen inklusive sich selbst. Da war keiner unschuldig, nicht in diesem Team.

In keiner anderen Saison hatte ich so viel Sex wie in Bulgarien.

Der Umgang und Spaß mit anderen Menschen, der Spaß auch immer, ist für die meisten der Hauptgrund in die Animation zu gehen. Erst dann folgen Gründe wie die Länder, die man bereist, das tägliche Programm, Sport, Fitness und Abendshows oder von Kindern umringt zu sein. Und eins ist sicher, wegen der Arbeitsstunden und der Bezahlung macht es keiner.

Unser Bergfest in dieser Saison war der Hammer und das beste der ganzen dreieinhalb Jahre. Der Zielgebietsbetreuer mietete für den ganzen Abend eine Kartbahn in Varna. Über 40 Animateure reisten von der kompletten Ostküste an und veranstalteten ein Rennen auf der 1200 Meter langen Strecke. Anschließend ging es für alle nach Albena an den Strand. Es wurde gegrillt und getrunken bis in die frühen Morgenstunden. Mitten in der Nacht gingen die meisten baden, nackt. Es dachte ja keiner an Badeklamotten. Gegen sechs Uhr morgens verließen wir den Strand um an die Arbeit zu gehen. Gott sei Dank hatten wir unseren Gästen Bescheid gesagt, so dass die meisten Verständnis für unser aller Zustand bewiesen.

Kultur

Dieses Land am Schwarzen Meer bietet allerdings nicht nur Möglichkeiten für Partygäste. Sind zwar Goldstrand, Sonnenstrand und Albena die drei bekanntesten, belebtesten und größten Urlaubsorte, so gibt es auch noch Kultur zu erleben. So kann man auch Kap Kaliakra, eine Landzunge mit Festung aus dem 14. Jahrhundert, besuchen. Varna und Dobritch sind auf jeden Fall zu einem Einkaufsbummel gut, und Balcik hat eine tolle Promenade. Als kleinere Urlaubsorte sind noch Sozopol und Obsor zu nennen.
Mit einem Mietwagen brachen meine Mutter und ich nach Altnessebar auf. Von diesem Ort habe ich noch Schwarzweißbilder vom Sommer 1989. Es ging Richtung Süden, fast ein Drittel der gesamten Schwarzmeerküste entlang. Erst außerhalb der hochumzäunten, sauber gehaltenen und bewachten Touristenorte ist man erst im wahren Bulgarien. Hier fahren noch Eselskarren und alte Autos, es gibt Zigeuner genauso wie die neusten Reisebusse. Nach etwa drei Stunden Fahrt und mehrfachen fast Heldentoten durch die abenteuerliche Fahrweise der Einheimischen, erreichten wir Altnessebar. Auf meinen schwarz-weiß Bildern waren alte Mauern und enge Gassen zu sehen. Davon erkannte man hier nicht viel, alles war von Verkaufständen gepflastert. Jeder versuchte, etwas an den Mann zu bringen. Vor jedem Restaurant stand jemand, der einen zum Platznehmen überreden wollte, egal ob man gerade aus einem anderen Lokal kam oder nicht. Alles in allem aber ein würdiges Weltkulturerbe, wenn man sich den Trubel und die Massenabfertigung wegdenkt. Auf dem Rückweg sahen wir auch, dass anstelle des hügeligen Zeltplatzes von vor vielen Jahren nichts mehr existierte. Da türmten sich nun drei Bettenburgen auf planer Ebene, eine wie die andere. Schade, aber das ist nun mal Tourismus.

Auf den Hund gekommen

Am Morgen eines freien Tages hörte ich im Halbschlaf etwas genau vor meiner Tür, von dem ich mir nicht sicher war ob Baby oder Hund. Als ich es endlich schaffte, aufzustehen schob ich meinen Vorhang zur Seite und schaute nach draußen, direkt in die traurigen Augen eines kleinen schwarzen Hundes. Er saß mit einem Springseil angebunden an unserem Wäscheständer und gab eine Mischung aus Bellen und Quietschen von sich. Ich klopfte bei unserem Dj, den ich im Zimmer hörte und berichtete ihm, was sich da vor seine Tür verirrt hatte. Es überraschte mich nicht, als er mir erzählte, dass er auf den Hund gekommen war. Bei der Discotour eine Nacht zuvor hatte er ihn, besoffen wie er war, am Goldstrand aufgegabelt und mitgenommen. Es erinnerte mich etwas an unsere Katzenaktion vom Vorjahr. Meine beiden Kolleginnen, mit denen ich an diesem Tag nach Varna wollte, bekamen den Auftrag Hundefutter und eine Leine zu kaufen. Eine Woche später setzte er das arme Tier Albena wieder aus.

Ab hinters Gebüsch

Nein, es geht nicht um eine weitere Geschichte, die sich um unerlaubten zwischenmenschlichen Kontakt dreht. Es gab zu Ende der Saison eine Geschichte, an die ich mich immer mit einem energischen Kopfschütteln, gefolgt von einem tiefen Durchatmen erinnere. Wir bekamen eine Gruppe autonome, im betreuten Wohnen lebende Menschen. Zu Deutsch: Eine Gruppe körperlich und geistig Behinderter aus Berlin. Unser Chef wollte, dass sie erst mal überall im Sportprogramm dabei sein dürfen. Als allerdings die anderen Gäste fernblieben, veranstalteten wir Programme eigens für sie. Ebenso sollten wir sie vom Kinderclub fern halten, da ein paar Kinder in der Nähe der Gruppe vor Angst zu weinen begannen. Es war ein Drahtseilakt den Urlaub für die Kinder, die Gäste und die Gruppe weiter angenehm und gleichberechtigt zu gestalten. Die Gruppe war dennoch glücklich und brachte jede Menge Leben ins Hotel, auch wenn wir den Anschein hatten, dass die Betreuer auch Urlaub machten, anstatt sich um ihre Leute zu kümmern. Sie versuchten uns die Aufsicht zu übergeben, doch so einfach war das nicht, wir waren weder dazu berechtigt noch geschult. Ich für meinen Teil und auch der Rest des Teams, versuchte sie nicht besser oder schlechter als den Rest zu behandeln, freundlich auf Distanz. Ich merkte aber schnell, dass eine der Damen da etwas falsch verstand, mit jedem Wort was ich zu ihr sagte schwebte sie höher. Etwas peinlich war dann, dass sie unter den Gästen erzählte, dass ich ihr Kosenamen gegeben hätte und wir zusammen nach München ziehen würden. So was geht in einem Hotel rum wie ein Lauffeuer. Mein Chef und ich redeten mit den Betreuern, dass das nicht in Ordnung sei und auch unter den Gästen falsch verstanden werden könnte. Sie sollten ihr erklären, dass es zu un-

serem Job gehört, freundlich zu sein. Von den Betreuern bekamen wir erklärt, dass sie alles von ihrem Exfreund auf mich projiziert und daher Vorsicht geboten war, da die stämmige Frau zu Gewalt neige, wenn ihr was nicht passe.
Über die Aussage einer vierundzwanzig jährigen Betreuerin: „Sie soll dich ja nicht hinter das nächste Gebüsch zerren", amüsierte sich mein Chef so köstlich, dass sein Kopfkino gar nicht mehr aufhören wollte, bizarre und absurde Situationen, in die ich geraten könnte auf sein inneres Auge zu projizieren. Und auch wenn er nichts sagte, so konnte ich doch oft genug sehen, dass ich mich in seiner Fantasie gerade wieder mal in der Klemme befand. Ich konnte es ihm nicht verübeln, in meinem Kopf liefen schließlich ähnliche Streifen ab.
Um mich machte ich mir allerdings weniger Sorgen. Ich befürchtete aber, sie könne eifersüchtig werden und gegen andere Mädels aus den Gästereihen vorgehen, was allerdings nicht passierte.
Ich gab ein paar Gästen meine Adresse damit sie mir Fotos schicken konnten. Diese Adresse machte unter den Gästen die Runde und erreichte auch die, die sie nicht kriegen sollten. Mit Adresse ist es kein Problem eine Telefonnummer rauszukriegen und so wurde ich bis zu meinem nächsten Einsatz, von der pflegebedürftigen Frau aus Berlin, zu Hause mit Anrufen bombardiert. Irgendwann ging ich nicht mehr ran. Was mich am meisten störte war, dass meine Familie mit hineingezogen wurde, meine Mutter störte es schließlich auch, ihr mehrmals am Tag zu sagen, dass ich nicht zu sprechen sei. Ich war schon im nächsten Zielgebiet, als sie zum letzten Mal versuchte, mich anzurufen und eine CD mit ihren Lieblingsliedern zu mir nach Hause schickte. E-Mails bekam ich noch bis zum März des Folgejahres.
Es ging der zu kurzen Saison dem Ende entgegen. Der belebte, stets quirlige Ort wandelte sich allmählich zu einer Geisterstadt. Die lange Einkaufstraße mit ihren unzähligen Ständen leerte sich. Ein Stand nach dem anderen entschwand. In keiner anderen Saison verfiel ich so stark in die Endzeitstimmung wie hier. Die leeren Straßen, die verlassenen Hotels und die heruntergezogenen Jalousien erinnerten mehr an eine bizarre Filmkulisse eines Endzeitthrillers als an einen Urlaubsort.

Auf Grund des günstigen Preises kamen jedoch viele Gäste wieder. Unter anderem meine Mutter, ein begabter Dartspieler, der mir einen Dartpokal mitbrachte, da wir uns etliche Male Duelle an der Scheibe lieferten, und eine Siebzehnjährige aus Potsdam. Mit ihr habe ich obendrein auch noch gegen die Vorschrift nichts mit Minderjährigen anzufangen verstoßen, aber das war mir egal.

Ebenso kam eine Neunzehnjährige aus der Nähe von Dortmund mit ihrer Familie ein weiteres Mal nach Albena. Sie hatte uns in der Hochsaison oft assistiert und war im Begriff nach ihrem Abi auch in die Animation zu gehen und am liebsten mit zu mir ins Team. Auch wenn ich blind und taub gewesen wäre, mein Team hätte dafür gesorgt, dass ich merke, dass dieses Mädel wegen mir eine zweite Runde durch Albena drehte. Noch dazu, da sie mittlerweile schon das sechste Mal in ein und demselben Hotel Urlaub machte. Ihre Eltern schienen mich auch schon als ihren Schwiegersohn zu akzeptieren, zumindest störte es sie nicht, wenn ihre Tochter fast jede Nacht bei mir war. Mich störte das freilich auch nicht, ich hatte was ich wollte und ihre Zukunftspläne mit der Animation bekräftigte ich natürlich auch noch, naiv wie ich war. Schon als sie sich mit meinen Teamchef darüber unterhielt, sich eine Art Bewertung ausstellen zu lassen, dass sie sich besonders gut als Animateurin eignen würde, hätte ich es ahnen müssen. Einen Blödsinn ahnte ich.

Als diese Familie wieder nach Hause flog, gingen mit ihr auch die letzten Gäste und wir machten, als eines der letzten Hotels in Albena die Pforten dicht.

Ende Oktober flogen wir gen Heimat, aus der erlebnisreichsten und schönsten Saison meiner Animationszeit. Unser Partykonzept nahmen wir mit, es wurde nach nur drei Sommern aus dem Programm genommen, da der Veranstalter den Kinderclub und Familienidylle als Aushängeschild haben will. Eines der beiden Hotels, in denen wir arbeiteten, wurde nicht in die nächste Sommersaison übernommen, so dass wir unser Material mit nach Deutschland nehmen sollten. Es ist für den Veranstalter billiger, den angestellten das Übergepäck zu zahlen, wenn es auf dem Heimflug überhaupt bezahlt werden muss, anstatt Pakete nach Deutschland zu schicken. Den deutschen Zollbeamten vielen fast die Augen raus, bei den Massen an Sportmaterial, die wir zusätzlich zu unserem eigenen Gepäck, das ja sowieso schon viel war, noch mitführten. Kofferweise Langhanteln, Gewichte und Rollerblades, inklusive Helmen und Schützern. Angesichts des offensichtlichen Übergepäcks stürzte sich gleich ein Rudel Zöllner auf uns, wie eine Horde Schakale über die Überreste eines Zebras. Die Enttäuschung war ihnen anzusehen, als wir ihnen die Lage erklärten und sie uns ohne weiteres ziehen lassen mussten.

Eigentlich sollte ich in Köln landen, flog aber aus technischen Problemen des Kölner Flughafens nach Düsseldorf. Dort wurde ich von genau von der vorerwähnten Neunzehnjährigen abgeholt. Sie brachte mich nach Köln, wo meine Mutter auf mich wartete. Dass wir uns irgendwann mal an einem Wochenende wiedersehen wollten, stand schon fest, allerdings hatte ich nicht mit ihrem starken Willen gerechnet, es sollte nämlich nicht bei dem einen Wochenende bleiben. Ich schreibe dies nicht unbeabsichtigt, denn ich werde später wieder auf sie zurückkommen.

Den Koffer mit den Rollerblades, welchen ich mitnehmen sollte, hatte meine Firma erst mal vergessen. Nach fast zwei Monaten fragte ich nach, ob ich das Zeug verkaufen sollte, oder ob sie es holen wollen. Sie holten den Koffer ab.

Zwischenmenschliches

In einem Animationsteam kommen auf einen männlichen Animateur im Durchschnitt zwei Mädels. Wenn man in einem Team mit zehn Damen, drei in die Kiste bekommt, führt dies zu einer einzigen Frage: Wie bekommt man die anderen sieben?

Es ist ein offizielles Geheimnis, dass es in der Animation jede Menge Intimitäten gibt. Jeder der etwas anderes behauptet, lügt. Auf den Seminaren, wo es übrigens auch schon dazu kommt, wird einem eingetrichtert, „im Team nie intim" zu werden.

Auch oder vor allem dürfe man nichts mit Hotelgästen anfangen, aber genau das ist das einfachste und vielleicht auch mit ein Grund, warum viele diesen Job anfangen.

In den dreieinhalb Jahren Animation hatte ich was mit Mädels aus meinen Teams, aus anderen Teams, Einheimische, Hotelangestellte, Hotelgäste und Gäste aus anderen Hotels. Als Animateur braucht man keine Anmachsprüche oder durchdachte Taktiken, auch das Einwickeln mit Getränken kann man sich schenken. Die Leute erwarten, dass sie angesprochen werden. Man soll sich um alle Gäste kümmern, also geht man auch zu den als Single reisenden Damen. Interessant ist man sowieso, ob man will oder nicht, alleine weil man eben ein Animateur ist. Dazu steht man oft auf der Bühne und bei der Moderation am Pool ständig im Focus.

Auch wenn ich mich noch in der Schulzeit bei Anmachversuchen angestellt habe wie ein Nilpferd beim Klettern, lief in der Animation alles wie nach Drehbuch.

Wenn man die Natur einer Sache erst mal durchschaut hat, dann ist es gar nicht so schwer. Das bedeutet nicht, dass ich alle rumgekriegt habe, die ich wollte, es bedeutet lediglich, dass man ein Gefühl dafür bekommt, bei wem man landen kann und bei wem nicht. Umso mehr Mädels ich abschleppte, umso interessanter schien ich zu werden, mit der Zeit geht man auch cooler an die Sache ran, als jemand, der so was selten macht. Es ging soweit, dass ich mit meinem damals besten Kumpel darum wettete, wer ein bestimmtes Mädel schneller ins Bett bekomme. Meine Theorie, die mir regelmäßig bestätigt wurde, ist folgende: die meisten Frauen stehen auf Kerle mit großer Klappe, zumindest was den Beischlaf angeht.

Gewissensbisse gab es nie, und die schlaflosen Nächte, die ich hatte, habe ich mit Frauen geteilt. Was mich bisher immer noch wundert ist, dass es funktioniert hat und gute Kerle, die es ernst meinen, auf der Strecke bleiben. Aber wen es beruigt, ab und zu ging ich mit „Madame Jekyll" ins Bett und wachte neben „Misses Hyde" wieder auf, so etwas passiert auch mal.

Manchmal und das ist sicher keine Überraschung, log ich ,dass sich die Balken bogen, so erzählte ich einmal, dass ich ein Einheimischer sei, der in Deutschland studiere und daher die Sprache beherrsche, um sie ins Bett zu kriegen. Die nicht nur äußerlich blonde Studentin glaubte mir jedes Wort, und ich wurde als Bulgare akzeptiert.

Ein Mädel hatte das ständige Bedürfnis, ihre Freundin zu fragen, ob es in Ordnung sei, was sie tue. Eine andere wollte Sex am Strand und bekam ihn. Auf welchem kuriosen Wege ich an meine Exfreundin gelangte, ist später noch beschrieben. Den Vogel allerdings schoss eine ab, die ihr „erstes Mal" mit mir hatte, weil sie in mich verknallt war. Das mit einem Animateur zu haben, der gerade im Einsatz ist, ist in etwa so wie eine Blitzehe in Las Wegas. Alles was man sich darunter vorgestellt hat ist einfach weg und irgendwann kommt die Reue.

Jedoch sind es nicht immer die Jungs, die nur an Sex denken. Auch viele Mädels lassen sich nicht zweimal bitten, manche ziehen einem erst die Hose runter, bevor sie fragen, ob sie mit aufs Zimmer dürfen.

Eine Kollegin hüpfte gleich am Anreisetag mit einem Kollegen ins Bett, eine andere bestellte sich eine DVD mit Atmungs- und Dehnungsübungen, um besseren Sex zu haben. Auch Damen aus den Gästereihen hatten manchmal mehr als nur einen Animateur flachgelegt. Zugegeben sind es meist die jüngeren Mädels, die sich beeindrucken lassen, aber auch ältere wollen als Single ihren Spaß im Urlaub, auch wenn der Freund zu Hause sitzt. Es ist erschreckend, wie viele Frauen ihre Kerle betrügen, wenn diese nicht mit in den Urlaub fliegen, oder gerade auf den Nachwuchs aufpassen. Bei den meisten habe ich es erst hinterher erfahren, bei den anderen war es mir egal.

Ebenso erstaunlich fand ich, dass es manche Frauen nicht stört, dass sie nicht die einzigen sind, die mit einem schlafen. Auch, dass manche geduldig warten, bis die andere abgereist ist, war mir unbegreiflich. Manche reisen einem auch in andere Zielgebiete hinterher, um mit einem zu arbeiten oder einfach nur um bei einem Urlaub zu machen.

So ziemlich jeder kann sich unter den Begriffen Urlaubsfreund oder Kurschatten etwas vorstellen. Es sind Geschichten, die entstehen, wenn man von zu Hause weg ist und genau da sollten sie auch bleiben. Urlaubsbekanntschaften sind gerade in der Animation an der Tagesordnung, und das die ganze Saison lang, es soll ja auch so sein. Gerade deshalb ist es für beide Seiten wichtig, sich darüber im Klaren zu sein, dass es sich in den meisten Fällen um keine echten Freundschaften handelt, auch dann nicht, wenn man sich nur gut versteht.

Aber wem macht es keinen Spaß zu flirten und sich wieder und wieder zu beweisen, attraktiv zu sein. Sex ist eines der offiziellen Geheimnisse der Animation und mittlerweile kein Kündigungsgrund mehr, zumindest kenne ich keinen Animateur, ob Männlein oder Weiblein, dem aufgrund dessen gekündigt wurde. Beziehungen mit Gästen wird zwar nicht gerne gesehen, jedoch augenrollend abgetan, denn würde man jeden Animateur feuern, der da aktiv wäre, so gäbe es kaum noch welche.

Auch eigentlich „verbotene" Beziehungen innerhalb des Teams werden inzwischen toleriert, obgleich sie dem Team meist nur schaden, weil sich die Pärchen im Streitfall nicht aus dem Weg gehen können. Das Beste ist es, wenn die Partner in Hotels arbeitet, die nahe aneinander liegen. Auf der anderen Seite ist es eine tolle Konstellation, als Paar in einem Team gut mit einander klarzukommen. Es ist schließlich selten der Fall, dass Paare den ganzen Tag zusammenhocken. Wer diese Feuertaufe übersteht, kann nach der Animationszeit beruhigt in eine gemeinsame Zukunft starten. Ich weiß, wovon ich rede, denn ich habe meine Freundin erst nicht leiden können, bin dann schließlich doch mit ihr zusammen gekommen, aber erst nach der Animation. Was feste Beziehungen mit Animateuren angeht muss ich aus eigener Erfahrung sagen, dass man an Animateure, sowohl männliche als auch weibliche, die gerade im Einsatz sind, sein Herz nicht verlieren sollte, denn Gäste kommen und gehen. Versucht man eine richtige Beziehung in einem Team aufzubauen, spielen Eifersucht und die Tatsache, dass es keiner der Gäste mitbekommen darf eine große Rolle. Hat man im Team eine Beziehung die nur auf sexuelle Anziehungskraft und nicht auf Liebe gründet, so ist Vorsicht angesagt, denn eine Seite verliebt sich doch immer irgendwann.

Mein allgemeiner Umgang mit jungen Frauen wurde oft verurteilt, aber ich habe hoffentlich nicht irgendwann das Gefühl, etwas verpasst zu haben, brauche folglich auch nicht nach Thailand zu fliegen, um einer Geisha den Samurai zu machen.

Alles in allem kommt man in der Animation auf seine Kosten, wenn man es denn so haben will. Es klingt vielleicht etwas blöd, wenn ich feststelle, dass es für mich zu Ende meiner Animationszeit „nur" Sex war. Selbstverständlich ist es toll, sich wie „James Bond" fühlen zu könne, aber Sex mit jemandem, den man gerade erst kennengelernt hat, ist irgendwie doch immer dasselbe. Abgesehen davon blieb mein Spieltrieb auf der Strecke und ich suchte neue Herausforderungen. Unter anderem habe ich mutwillig die Beziehungen zweier Kolleginnen zerstört indem ich so lange und ausdauernd versucht habe, sie rumzukriegen, bis sie ihre Freunde betrogen haben.

Alles was ich mich mit der Zeit allerdings doch gefragt habe war, warum ich nach meiner ersten Freundin fast zwei Jahre alleine war und hier plötzlich alle zwei Wochen eine andere hatte.

Es lässt sich selbstverständlich nicht verallgemeinern, dass es im jedem Animationsteam und im jedem Land so zu geht. Aber welcher Kerl der Anfang zwanzig ist, würde denn nein zu so etwas sagen, wahrscheinlich keiner!

Österreich

Piefkes zwischen Piste, Aprèski und Sauna

Mitte Dezember war es soweit, nach meiner zweiten Sommersaison kam ich nach endlich Österreich. Ein Jahr musste ich warten, um endlich Pistenguide zu werden. Nach einer tollen Sommersaison folgte eine Spitzenwintersaison in Österreich, allerdings mit Startschwierigkeiten.

Meine Firma schickte mir nicht das versprochene Zugticket, sondern erklärte nach etlichen Anfragen, dass ich mich selber darum zu kümmern habe. Ein Zugticket zu buchen, scheint eine große Aufgabe für Reiseveranstalter zu sein. Dann vergaß ich mein Handy im Auto meiner Mutter und war daher etwas verloren beim Einreisen mit dem Zug. Allerdings rief meine Mutter unseren Zielgebietsbetreuer vor Ort an und berichtete, wann mein Zug in Spittal an der Drau in Kärnten ankommen würde. Von dort ging es nach Sankt Oswald mit seinen nicht einmal 200 Einwohnern. Ich begrüßte mein Team, darunter auch meinen Teamchef, mit dem ich ein Jahr vorher schon auf Lanzarote das Vergnügen hatte, und drei weitere Mädels, zwei aus Köln und eine aus Bayern. Mein Chef hatte den Sommer in einem Hotel in der Türkei verbracht, das dasselbe Partykonzept wie unseres in Bulgarien hatte. Die Situation, dass unsere Allrounderin wegen des Chefs in Österreich war, kam mir bekannt vor, hatte eine Kollegin aus Bulgarien doch auch vorgehabt, mit mir in das Hotel in Österreich zu gehen. Das Vorhaben scheiterte, hielt sie aber nicht davon ab, sich doch wieder in mein Leben zu mogeln. Die zwei Kinderanimateurinnen wollten eigentlich als Sportanimateur auf der Piste eingesetzt werden, allerdings kam es nicht dazu, denn ich konnte nichts anderes, war ich doch nur zum Skifahren dort. Also bekam ich einen der drei Liftpässe, den zweiten unsere Allrounderin, die allerdings anfangs ihre Zeit im Kinderclub absaß, den dritten behielt der Chef für sich.

Es dauerte zwei Tage bis wir unsere Skiausrüstung und den Liftpass, für den wir in Vorkasse treten mussten, in Händen hielten. Mit einem der dortigen Skilehrer fuhren wir los, um die Pisten kennenzulernen. Ich freute mich wie ein Schnitzel, weil ich wieder bei Skifahren, meinem Lieblingssport, war. Ich hatte in der Lehre und während der Bundeswehrzeit nicht genug Geld gehabt, um anständig Skifahren zu gehen, was ich hier nachholen konnte. Über drei Monate lang sollte ich nun die Pisten in den Gurktaler Alpen unsicher machen.

Es waren alles in allem gerade Mal 105 Pistenkilometer, drei Gondeln, fünf Sessellifte, sechs Doppelschlepper und eine Handvoll Tellerlifte.

An manchen Stellen stehen rote Sofas an der Piste, Werbung für ein Möbelhaus. Der höchste Punkt, an den wir im Normalfall gelangten, war die Gipfelstation der Kaiserburgbahn auf fast 2200 Metern Höhe, mit einer sagenhaften Kulisse über die Nockberge, die wir liebevoll die „Nockymountains“ nannten. Sankt Oswald, Bad Kleinkirchheim ist das sonnenreichste Skigebiet Österreichs und auch das mit der höchsten Schneekanonendichte. Wenn es im November kalt wird, werden die Pisten dort mit Wasser besprüht, um ein Packlager aus einer etwa einer halben Meter dicken Eisschicht zu bekommen, so dass der Schnee länger liegenbleibt.

Bei gutem Wetter, also meist, kann man bis zu den Dolomiten sehen. Zur anderen Seite blickte man auf den Starthang der Klammerabfahrt hinunter, mit 80

Prozent Gefälle, der also aus gutem Grund für Hobbyfahrer gesperrt war. Das Jucken, da runterzusausen, saß allerdings viel zu tief, um nicht zu kratzen, so dass ich es doch ein paar Wochen vor Saisonende wagte. Ich hatte weniger Angst vor der Abfahrt, als vielmehr vor irgendwelchen Sanktionen, die mich erwarten könnten, hätte man mich erwischt.

Den Rest der Weltcupabfahrt darf man übrigens nutzen. Ab dem Damenstart erstreckt sich die wohl coolste Skipiste ganz Kärntens wie eine weiße Achterbahn aus Schnee und Eis.

Auf der Skipiste bestand Helmpflicht aus Vorbildfunktion und Schutzgründen. Nun war ich 19 Jahre außer bei den Rennen ohne Helm gefahren, ja selbst auf dem Skiopening unter reichlich Alkoholkonsum brauchten wir keine Helme. Ich war daher erst wenig davon angetan, mir so eine blaue Leimurmel auf den Kopf pflanzen zu sollen, bin allerdings nun ein Verfechter der Helmpflicht seit meinem ersten Sturz in dieser Saison. Als ich auf den Hinterkopf donnerte, brachte der Helm einen kleinen dennoch wirksamen Abstand aus Schaumgummi, Hartschaum und Plaste, zwischen meinen Kopf und die Eisplatte.

Weihnachten, Liebesgrüße aus Dortmund

Schon bei Zeiten riet mir unser Zielgebietsbetreuer meinen blond gefärbten Bart abzurasieren. Was sollte ich tun, er war der Boss. Es war der 22. Dezember als die Doppelhotelanlage bestehend aus gemütlichen Hütten, in Sankt Oswald die Pforten öffnete. Ehemals zwei Hotelanlagen, eine mit Sportprogramm, die andere nur mit Kinderbetreuung, wurden als ein Hotel zusammen verwaltet und bekamen einen gemeinsamen Namen. Dies löste erst mal bei den Einheimischen und Skilehrern Verwirrung aus. Nicht mal die dortigen Taxifahrer kannten den neuen Namen der beiden Anlagen. Wollten wir ein Taxi bestellen, mussten wir immer den alten Namen des Hotels angeben, damit die Fahrer wussten, wo sie sich einfinden sollen.

Die ersten Gäste waren über Weihnachten Dreitagestouristen, ein Sonderangebot des Veranstalters, dasselbe zu Silvester noch einmal.

Ich fragte jeden Tag an der Lobby nach meinem Handy, was meine Mutter nachschicken wollte, jedes mal hörte ich ein „Nein“.

An Heiligabend war mein Chef der Weihnachtsmann, unsere Mädels waren die Engel, und ich verkroch mich hinter der Technik als Sound and Lightjockey. Der Heiligabend war für mich ein normaler Arbeitstag. Ich lasse dies nicht unerwähnt, falls die Frage aufkommt, wie es denn so ist, an derartigen Tagen arbeiten zu müssem.

Es war nichts Besonderes daran, wir erfüllten unsere Aufgaben wie immer. Ich war dennoch etwas überrascht, dass es so einfach ist, an so einem Tag ganz normal zu arbeiten, denn schließlich war es das erste Mal, dass ich über Weihnachten nicht bei meiner Familie feierte.

Die Kinder aus dem Kinderclub schmückten tagsüber den Baum, den unser Zielgebietsbetreuer aus dem Wald „besorgt" hatte. Er wurde auf die Bühne gestellt und sah einfach toll aus. Die Eltern hatten die Möglichkeit, ein Geschenk für ihren Nachwuchs bei uns abzugeben, das ihnen der Weihnachtsmann dann abends auf der Bühne überreichen sollte. Plakate, persönliche Ansprachen und Mikroansagen bewarben diese Aktion.

Bis auf eine Mutter bekamen auch alle Eltern unsere Werbung mit. Sie stand, als es soweit war, völlig aufgelöst bei mir am Technikstand und jammerte mir die Ohren voll, dass ich doch etwas unternehmen müsse. Sie hatte Bedenken, dass ihr Junge schwer enttäuscht sei, wenn es als einziger – anders als alle anderen – nicht zum Weihnachtsmann auf die Bühne dürfe. Was soll man da machen? Zerteilen kann ich mich nicht, ich hatte ja auch noch die Technik zu steuern und das „Zuckerl", was vermutlich irgendetwas Süßes sein sollte, hatte ich auch nicht zur Hand. Die Mutter war stinksauer auf mich, aber das war mir dann egal. Sie war selber schuld. Ich konnte es nicht ändern.

Irgendwann mittendrin stand plötzlich einer unserer Engel neben mir. Ich fragte mich noch, was er denn wolle, als mein Name aus den Lautsprechern zu vernehmen war. Ich sollte auf die Bühne zu dem schlaksigen Typ im roten Bademantel, zu weiter Hose, Bundeswehrstiefeln und falschem Bart, um mir mein eigenes Handy zu Weihnachten schenken zu lassen. So dachte ich.

Ich bekam unter großem Gelächter eine Paket, zu groß für ein Handy. Zu meiner Familie hatte ich noch gesagt, sie sollen mir keine Geschenke schicken, weil ich ja alles auch wieder nach Hause kriegen müsste. Auf dem Weg zurück zur Technik fiel mein Blick auf den Absender.

Wer schon einmal völlig unverhofft einem guten Bekannten über den Weg gelaufen ist, das Gesicht irgendwo her kannte, sich aber dennoch verzweifelt gefragt hat, wer das eigentlich ist, der da so freundlich lächelt, der weiß wie es mir in diesen Augenblicken ging. Mit zugekniffenen Augen fixierte ich den Namen auf dem Paket und konnte mir doch keinen Reim darauf machen. Dann dämmerte es, ich musste an meinen letzten Einsatz in Bulgarien denken und an das Mädel aus der Nähe von Dortmund, das mit der ganzen Familie zweimal nach Albena kam und eine Karriere als Animateurin anstrebte. Ihr hatte ich nichts davon erzählt, keine Geschenke haben zu wollen, also kam jetzt eins. Es war schon eine Woche vor mir im Hotel angekommen und hatte für Neugier gesorgt. Bei den Hotelangestellten und auch unserem Zielgebietsbetreuer, nicht zuletzt da ich im Sommer in Bulgarien war, das Mallorca der Gegenwart. Abgesehen davon war ich ja noch mit den richtigen Leuten dort. Ich konnte also nur ein typischer Animateur sein, der alles mitnimmt, was ihm über den Weg läuft, und hatte erst mal meinen Ruf weg.

Nach der Bescherung ging es noch in die Kirche von Sankt Oswald zum Gottesdienst. Mein Handy, das ebenfalls schon mehr als einen Tag in Kärnten war, bekam ich wenig später von meinem sichtlich amüsierten Chef überreicht.

Der Silvesterabend verlief dagegen recht unspektakulär wie eine kleine Feier mit anschließendem Feuerwerk. Wir studierten ein paar etwas modernere Choreografien ein die wir sporadisch, je nach Stimmung darboten. Mitternacht gab es die obligatorische Knallerei und das Gläschen Sekt, wonach die meisten Gäste verschwanden. Wir Animateure verschwanden noch bis vier Uhr in den Kneipen Badkleinkirchheims. Dass Silvester nicht so unheimlich ausartete kam mir Neujahr zu gute, da ich die Ehre hatte, schon morgens gegen elf auf der außerordentlich leeren Piste zu stehen.

Faultierwochen

Das ganze Team konnte Skifahren, und genau das war der Grund, warum wir in Sankt Oswald waren. Es war wie ein Sechser im Lotto im Winter nach Österreich zu kommen. Bei mir hatte es ja auch erst beim zweiten Versuch geklappt. Wenn man allerdings zum Skifahren dort ist, um dann im Kinderclub zu versauern, macht es sicher keinen Spaß! Deshalb ist es auch kein Wunder, dass unsere Mädels ihre Aufgaben im Kinderclub nicht so richtig gerne wahrnahmen. Es war der kinderfeindlichste Club, den ich kennengelernt habe. Das ganze Team hatte nichts mit Kinderanimation am Hut. Die Mädels saßen am Tisch, tranken Kaffee und überließen die Kinder sich selbst.

So ging es die ersten Tage, bis er kam, unser neuer Kollege für den Kinderclub. Er hatte die Figur eines berühmten Faultiers aus dem Kino und war genauso behaart und langsam. Hätte er versucht, eine Schneeballschlacht zu veranstalten, so wäre die Wirkung dieselbe wie bei einer Wasserpistole gewesen, der Schnee wäre geschmolzen, ehe er ihn geworfen hätte. Er war die Ruhe in Person und wenn er den Mund öffnete, verstand man kein Wort, nicht mal ich, obwohl wir aus demselben Bundesland kamen. Aber er schmiss den Kinderclub wie kein Zweiter, die Kinder liebten ihn und er die Kinder. Das lag wohl auch daran, dass er selber schon ein oder zwei hatte, genau wusste er das auch nicht. Vorher arbeitete unser Neuankömmling für einen italienischen Veranstalter und war lange Tage ohne Pause gewohnt. Für ihn schien die Arbeit in Österreich selbst so was wie Urlaub darzustellen.

Eines schönen Tages ließen wir ihn im Kinderclub allein. Der Rest vom Team ging auf die Piste. Ich war meist der schnellste und fuhr vorneweg. An einem Lift wartete ich eine kleine Ewigkeit, bis der Rest eintrudelte. Der Grund war, dass meine Kinderclubkollegin gestürzt war und sich einen Kapselriss im Daumen zugezogen hatte, so dass es für sie erst mal mit dem Skifahren vorbei war.

Ich war etwas enttäuscht, was die Feiermöglichkeiten anging, allerdings auch etwas verwöhnt durch meine Sommersaison. Es gibt nur eine kleine Disco in Bad Kleinkirchheim, etwa sechs Kilometer von Sankt Oswald, ohne Auto also nur mit dem Taxi zu erreichen. Laufen wollte keiner. Die Disco hatte übersetzt den Namen „nimm fünf", fünf Getränke konnten sie allerdings nicht meinen, denn bestellte man eins, hatte man das Gefühl, man kaufe den ganzen Laden. Dort herrschte starkes Gedränge an Teenies, wir nannten sie die „Badkleinkirchheimgang". Die hatten Mut trotz ihres Alters, waren auch immer in größeren Gruppen unterwegs, so dass wir zusahen, keinen Streit zu provozieren.

Aber nicht nur dort hielten die Einheimischen zusammen, auch im Hotel herrschte eine eingeschworene Gemeinschaft. Viele arbeiteten schon ewig dort zusammen, genauso unser Zielgebietsbetreuer und seine Freundin, die nun nach Beendigung ihrer Animationszeit an der Rezeption saß.

In die verschworene Skilehrergemeinde einzudringen, war auch nicht ganz so einfach, da wir oft nicht wussten, woran wir bei denen waren, denn wir zählten eben auch nur als Piefke.

Obwohl ich mich auf Anhieb mit einem ungarischem und einem holländischem Skilehrer verstand, hatten wir privat nicht allzu viel mit dem Rest der Bande zu tun. Der Holländer war ein Vorzeigekiffer, was aber in der Skischule keinen zu stören schien. Zumal die holländischen Gäste den meist jungen Skilehrern das Trinkgeld sowieso vorwiegend in Gramm auszahlten.

Wem zu trauen war, wussten wir also erst mal nicht, also trauten wir nur uns.

Vor allen der Manager war etwas paranoid, als Türke in Kärnten wahrscheinlich kein Wunder.

Küss den Boden

Alles was den Gästekontakt anging, was uns immer wieder eingetrichtert wurde, zählte hier nicht. Die Plätze im Restaurant waren so rar, dass wir im Personalraum unsere Mahlzeiten einnahmen, nicht wie in den Verhaltensregeln steht, bei den Gästen, aber darum war keiner böse. Es gab weder Ansagen morgens nochmittags, was damit zusammenhing, dass es zwei Anlagen waren und nicht wirklich ein geeigneter Platz dafür existierte. Wir trafen uns gegen halb neun zum Frühstück, zugleich unser Meeting. Kurz nach neun warteten wir vor den Rezeptionen der beiden Anlagen auf die Eltern, die ihre Sprösslinge zum „Skischul-Hol- und Bringservice" anmelden wollten. Gemeinsam mit den Kids ging es zur ca. einen halben Kilometer entfernten Skischule. Die Zwerge in kompletter Skiausrüstung waren immer ein Bild für die Götter. Man kann als Erwachsener schon kaum in Skischuhen laufen. Jetzt muss man sich mal die Kinder vorstellen. Man kann es kaum als Laufen bezeichnen, aber es war unterhaltsam. Insgeheim wetteten wir jeden Morgen, wie viele Kinder dieses Mal auf dem Weg zur Brunnach Talstation, an der sich die Skischule befand, wegrutschen und den Boden küssen. Wie gesagt, kinderfeindlicher Kinderclub und kein Animateur mit großer Lust auf diese Aufgabe.

Weniger unterhaltsam aber nervig waren die Eltern, die ihre Kinder einpackten wie am Nordpol. Es waren gerade mal zwei Grad unter Null, aber die meisten Kinder konnten sich vor Klamotten kaum bewegen. Die Helme saßen auf den Köpfen wie drauf geworfen, weil ja noch Sturmhaube und Mütze drunter mussten. Auch die Skibrille sollte nach der Vorstellung mancher Eltern noch auf die Stirn passen, also saßen die Helme der Kinder meist in deren Genick.
So ein Helm bietet viel mehr Schutz vor Wind und Kälte als eine Mütze, wenn er nicht richtig sitzt, schützt er aber auch den Kopf nicht mehr. Zucker macht den Kaffee auch nicht süßer, wenn man ihn nicht umrührt, das wollten aber vor allem Mütter nicht hören. Schals können beim Liftfahren sogar gefährlich sein, denn verheddern sie sich, kann es den Kindern die Luft abschnüren. Doch Diskutieren ist sinnlos. Besorgte Muttis lassen sich von nichts überzeugen. Hauptsache die Kinder frieren nicht, während sie sich erdrosseln oder mit dem Kopf auf eine Eisplatte knallen. Die Eltern packten die Kinder ein, wir sie wieder aus. Wenn wir den Kindern die Sachen nicht abnahmen, machten es spätestens die Skilehrer. Diese steckten die Klamotten in ihren Rucksack, in dem sie prompt durcheinander gerieten, also suchte immer jemand Mützen, Schals, Handschuhe und diverse andere Sachen von seinem Kind.

Das Tagesprogramm bestand nun also aus Skifahren und Saunaaufgüssen, die wir, oder besser gesagt meist ich, am frühen Abend machten.

Natürlich dürfen auch Apreskipartys nicht fehlen. Bei genug Glühwein und Jagatee schwingen viele auch das Tanzbein und singen die sinnigen Texte mit. Da gibt es Lieder übers Skifahren, tanzende Eskimos und manche halten sich tatsächlich für einen Döner. Wir veranstalteten dies zweimal wöchentlich in dem höher gelegen Teil der Anlage und einmal an der Talstation der Gondel zwischen den beiden Anlagenteilen.

Wir hätten auch gerne mal im unteren Teil unserer Hotelanlage eine Apreskiparty aufgezogen, aber die Kärntner hätten unserem Manager gleich die Polizei wegen Ruhestörung vorbeigeschickt.

Das Abendprogramm selber war für mich, der bis dahin nur in südlichen Hotels gearbeitet hat, genauso ungewöhnlich wie der Rest der Tätigkeit, es gab nur zwei Shows pro Woche. Aber dafür waren es neue Sachen, da unser Chef Mitglied des „Showteams“ war. Den größten Teil der Abende verbrachten wir in einem Saal in dem auch die AI Bar stand, ein Raum für ca. 150 bis 200 Leute, und einer aus Bierkästen erbauter Bühne. Standen keine Shows an, so gab´s Karaoke, Erlebnisabend mit Maßkrugstemmen und anderen landesüblichen Spielen. Aber nie länger als bis zehn Uhr abends, weil das Hotelpersonal von morgens um sieben, bis eben zehn Uhr parat sein musste. Im Sommer begannen wir halb zehn gerade mit unseren Shows. Anstatt einer Kindershow gab es eine Mottoparty, also nur eine verlängerte Kinderdisco mit Mottos wie Piraten, Gespenstern oder Märchen. Die Kinder waren den ganzen Tag in der Skischule, also hatten sie keine Zeit, um etwas einzustudieren, wie sie es vielleicht im Sommer ge-

macht hätten. Diese Mottopartys veranstalteten wir immer am freien Tag des Teamchefs. Das war clever gelöst, denn er hatte genauso wenig Lust und Ahnung davon wie wir alle und war so fein raus. Ich hätte es an seiner Stelle nicht anders gemacht.
Als Höhepunkt der Abendprogramme hatten wir am Donnerstag, eine Fackelwanderung in eine kleine abgelegene Kneipe. Die Betreiber dieser Kneipe stellten alles selber her, Wurst, Käse, Brot und Getränke aus eigener Zucht bzw. eigenem Anbau.

Obwohl er sich vor der Mottoparty drückte, war es schon eine schöne Sache, dass unser Chef mit unserer Allrounderin am Mittwoch frei hatte und nicht wie der Rest vom Team am Samstag. Die beiden unternahmen meist irgendetwas und waren daher schon morgens unterwegs. So stand ich öfters Mittwoch früh auf, machte so lange die Arbeit mit bis der Rest des Teams in Richtung Kinderclub entschwand und konnte mich dann wieder ins Bett legen, anstatt auf die Piste zu gehen. Auf diese Art machte ich zwei Tage pro Woche frei. Den Saunaaufguss und die Kindermottodisco verpasste ich natürlich nicht.
Ich war zufrieden, ging ich doch fast jeden Tag meinem Lieblingssport nach, mit ständig wechselnder Ausrüstung. Das ganze Team baute sich nach anfänglichen Schwierigkeiten ein so gutes Verhältnis zur Skischule auf, dass wir auch mal ganz neues Material fahren durften, wenn wir mit unseren Gästen unterwegs waren.

Kapselriss und Beinbruch

Während einer Siegerehrung nach einem Abfahrtslauf, den die Skiskule freitags für die Kinder veranstaltete, blödelte ich mit einer meiner Kolleginnen und einem Skilehrer, den sie sich geangelt hatte, herum. Er stellte ihr ein Bein und brach damit das ihre. Sie schlug ungefähr einen Meter hinter mir auf den Boden und schrie vor Schmerz laut auf. Mein erster Gedanke: Da braucht wohl jemand Aufmerksamkeit, bevor klar wurde, dass es sich um etwas Ernstes handelte. Eine Woche später fuhr sie nach Hause. Also hatten wir schon zwei schwerere Verletzungen, denn der Kapselriss meiner anderen Kollegin wollte auch nicht recht verheilen, verschlimmert durch ein Kind, das sich dummerweise einfach mal an den verbundenen Daumen gehängt hatte. Dass jetzt nur noch zwei Leute im Kinderclub waren, machte keinen Unterschied, da es sowieso recht ruhig war.
Anfang Februar wurde es etwas belebter, denn der untere Teil des Hotels füllte sich mit Kroaten, die eine Art Skisaisonopening feierten, indem sie einfach mal eine komplette Hotelanlage besetzten. Sie hatten alles dabei, Reiseleiter, Stimmungsmacher und eine eigene Band. Das war zwei Wochen lang echt toll. Danach kehrte erstmal Ruhe ein, weil aus Buchungsgründen nur der obere Teil der Anlage offen war. Aus diesem Grund wäre unser Abendprogramm fast den Bach

runtergegangen, denn die Bühne und auch der Rest der allabendlichen Bespaßungsmittel lagen im unteren Teil. Also bestimmte unser Häuptling, dass wir die Shows nur durchführen, wenn wir mehr Leute im Publikum als auf der Bühne hätten. Wir waren zu fünft auf der Bühne und hatten das Glück immer sechs oder sieben Gäste zum Gucken zu haben, deprimierend also, zumal wir im Sommer in einem Amphitheater auftraten, das bis zu 1500 Zuschauern Platz bot.
Ein anderer negativer Nebeneffekt der geschlossenen unteren Anlage war, dass keine der Hütten beheizt wurde, also blieb auch unsere WG kalt. In Österreich, im Winter! Ganze drei Heizlüfter und eine Hand voll Decken bekamen wir für die Woche, in der die Eisblumen an unseren Fenstern schneller wuchsen als Pilze im Spätsommer. Duschen war fast unmöglich und in der Nacht musste sich jeder, bis auf den Chef und unsere Allrounderin, selbst wärmen.

Wegen der dürftigen Freizeitmöglichkeiten wollten wir mal weiter weg, mieteten also ein Auto und fuhren an einem freien Samstag in die slowenische Hauptstadt Lubiana. Auf dem Hinweg „überfuhr" das Faultier Stoppschilder, rote Ampeln und dergleich, hatte er anscheinend doch zu viel Zeit in Italien verbracht. Aber wir waren froh, zum ersten Mal das Sankt Oswald Ortsschild hinter uns gelassen zu haben und es im Rückspiegel schwinden sahen.
Die Orte auf dem Weg zur Grenze trugen schöne Namen wie „Treffen" oder „Äußere Einöde".

Abends wieder im Hotel zurück erzählte unser Chef, dass ein Gast den alten Namen des Hotels in sein Navigationssystem eingegeben hatte. Es gibt auch einen Ort der „Unterkirchleitn" heißt, aber fast dreihundert Kilometer weit weg, so dass sie sich mal so richtig verfahren hatten.

Wie jeden Samstagabend gingen mein Chef und unsere Allrounderin zum Begrüßungscocktail, ein Treffen für alle neu angereisten Gäste, um Informationen über das Hotel und die Gegend zu erfahren. An diesem Abend kamen die beiden vom Begrüßungscocktail zurück und wollten noch weggehen. Unser Chef wollte uns zum Mitkommen überreden, indem er verkündete, es komme auch eine 23jährige Blondine mit, die und nun auf uns warte.

„Na klar", dachten wir uns, hier waren seit Wochen abgesehen von unseren Kolleginnen keine Frauen und nun sollte auf einmal eine da sein.
Am nächsten Tag hatten wir wieder Apreski in der oberen Anlage. Es war nichts los, nur ein paar Kinder flitzten herum, so dass ich mich an den Glühwein hielt. Die ersten Erwachsenen die auftauchten, waren mein Ziel und wie ein Adler im Sturzflug krallte ich mir die Familie zum Unterhalten. Mama, Papa und eine Tochter, die ich auf 30 Jahre schätzte. Egal Hauptsache Gästekontakt und mal mit jemand anderem als mit den Teamkollegen reden. Sie waren angetan vom Hotel und der schönen Gegend, nur für ihre junge Tochter gäbe es leider nichts. Die etwas schweigsame junge Dame zu meiner Rechten war die 23-jährige Blondine, von der unser Leithammel einen Abend vorher gesprochen hatte.

PS, ich liebe dich

Am ersten Tag versetzte sie uns beim Pistentreff, aber ansonsten war diese dreiköpfige Familie aus der Gegend um Sangerhausen richig treu. Sie besuchte unsere Shows und war überall dabei. Ich gab mir Mühe auf der Piste zu glänzen, um der Tochter zu imponieren. Im Lift setzte ich mich neben sie und redete mir den Mund fusselig. Aber da kam erst mal nichts zurück, es wollte nicht gelingen, sie zu irgendwas anderem als zu den Worten „ja" oder „nein" zu bewegen. Ich hatte das Gefühl, ich versuche eine Drehtür zuzuwerfen, sie war so gesprächig wie ein leerer Raum. Aber dennoch hatte ich mein „Ich mach dich jetzt mal klar"-Feeling wie in Bulgarien wieder.

Wie immer trat ich auch in dieser Woche meine fast täglichen Gänge in die Sauna an. Beim Vorbereiten des Aufgusses stand die 23-jährige Studentin plötzlich hinter mir und sagte, sie hätte keine Lust auf Aufguss. In Wahrheit wollte sie nur nicht, dass ich sie in der Sauna sehe. Sie ahnte ja, was ich wollte und zog es vor, im Ruheraum zu lesen. Ich fragte nach dem Titel des Buches. Sie war schon in der Tür und drehte sich zu mir um. „PS, ich liebe dich", schoss über ihre Lippen. Ihr Mund war schneller als ihr Kopf. Ich schmunzelte hämisch, sie lief rot an, drehte sich um und verschwand im Ruheraum.

Am Mittwoch war ich dann mal einen ganzen Tag und nicht nur bis halb zwei mit den dreien auf der Piste. Die Schneeverhältnisse waren ausgezeichnet, und es kam sogar zu einer Konversation mit der Studentin, auch wenn es nur um ihren Pudel ging. Ihr Vater hingegen äußerte sich über die Anmachversuche unseres Chefs gegenüber seiner Tochter, was ich gespielt fassungslos bestätigte.
Unsere Mottoparty an eben diesem Mittwochabend war die Armseligste der ganzen Saison. Drei Kinder waren gekommen. Unser Zielgebietsbetreuer ging uns auf die Nerven. Er behauptete, wir hätten nicht ausreichend Werbung dafür gemacht, nur um keine Kinder bespaßen zu müssen, womit er nicht ganz Unrecht hatte.
Der Gästekontakt verlagerte sich auf unsere drei Lieblingsgäste der Woche. Die drei waren schließlich die einzigen, die an diesem Abend noch da waren.

Nachdem die Eltern der Studentin gegangen waren, probierte mein Herr Kollege sich einen Weg zu erarbeiten, indem er versuchte, sie abzufüllen. Wenn ich ihn in diesen dreieinhalb Monaten einmal gehasst habe, dann an diesem Abend. Er wollte und wollte nicht verschwinden und zerstörte fast meine Arbeit der letzten drei Tage. Erst als wir uns an unsere Laptops setzten, um Bilder zu tauschen, zog er die Gesellschaft der anderen vor.

Ich begleitete sie später noch in den anderen Teil der Anlage, wollte sie ja nicht alleine laufen lassen, gebracht hat es mir aber erst mal nichts.
Die Fackelwanderung war der letzte Abend und wir wollten danach noch in das, was die Bad Kleinkircheimer Disco nennen. Mit vereinten Kräften überredeten wir meine Favoritin mitzukommen.

Gegen zwei Uhr brachte ich sie wieder zu ihrem Quartier in der oberen Anlage, ich bekam ihre Handynummer, einen Kuss und das Versprechen, dass wir uns wiedersähen, wenn ich erstmal in Deutschland zurück wäre.

Vorsicht Kamera

Am folgenden freien Samstag bekam mein Kollege Besuch von einer Slowenin, die er von einem der Einsätze seines früheren Reiseveranstalters kannte. Er hielt es aber nicht für nötig, uns zu fragen, ob wir etwas dagegen hätten, dass jemand Fremdes in unserer WG übernachten würde. Wir hatten zu Anfang der Saison ausgemacht, dass im Fall eines Besuches, der in unserer WG untergebracht werden sollte, die anderen gefragt werden würden. Niemand hätte das verweigert, so dass wir dieses Sich-Darüber-Hinweg-Setzen für dreist hielten. Es kann auch sein, dass wir nur nach einem Grund suchten, uns einen Spass mit ihm zu erlauben.

Da sein Zimmer eine Art Kellerfenster hatte, nutzten wir die Gelegenheit. Mit einer Kamera bewaffnet krochen mein Chef und ich in Stellung und filmten einen Augenblick lang das Treiben. Der Kurzfilm ging im Hotel rum wie ein Lauffeuer. Das ganze Personal wusste Bescheid, nur der Hauptdarsteller hatte keinen blassen Schimmer. Es dauerte ein Paar Tage bis wir ihm alles erzählten und zeigten. So gelassen wie er tagtäglich die Ruhe und die Übersicht im Kinderclub wahrte, nahm er das Geschehene schulterzuckend hin.

Dies war natürlich nicht der einzige Unsinn, den wir trieben, denn auch in Österreich gibt es den oftmals angesprochenen Alkohol.

An einem Abend wussten wir nicht, was wir machen sollten. In die Disco und der Badkleinkirchheimgang über den Weg laufen wollten wir nicht. Daher hatten mein Faultierkollege und ich eine Idee. Wir wollten schauen, was unsere AI-Bar alles so her gab. Um dort zu bleiben, mussten wir allerdings erst mal verschwinden, sonst wären die leeren Flaschen auf uns zurückgefallen. Wir hätten uns aber genauso gut mit Bier und Schnaps vor den Hotelmanager setzen können, was auf das Selbe hinausgelaufen wäre. Egal, wir taten so, als riefen wir ein Taxi, das uns nach Bad Kleinkirchheim bringen würde. Kaum war das Management außer Sicht zurück an die Bar also und alles durchprobiert. Ich denke zumindest, dass es alles war.

Am nächsten Morgen hatte ich keine Ahnung, wie ich ins Bett gekommen war. Meine Kollegin beschwerte sich über den Krach, den ich nachts in meinem Zimmer veranstaltet haben sollte. Mein lächerlicher Versuch, mich rauszureden und zu erklären, dass ich aus dem Bett gefallen sei, scheiterte an der Tatsache, dass der Krach fast eine Stunde anhielt. Das Faultier und ich hatten eine Fahne zum Umfallen, außerdem noch Spuren hinterlassen, so dass wir die Quittung bekamen und das nach unserem so gut durchdachten Täuschungsmanöver. Noch angeschossen von dem ein oder anderen überflüssigem Schlummifix ging auf die Skipiste. Das Faultier schlief drei Stunden in der Kuschelecke des Kinderclubs.

Skifasching

Kurz bevor das Hotel von „Jekkensprüchen" und „Do simmer dobei"-Musik überschwemmt wurde, machte ich mit unserer Allrounderin jeden Tag eine Hüttentour. Der ausschlaggebende Punkt dabei war des Chefs feste Freundin, die in Sankt Oswald Station machte. Wir beide fuhren daher morgens immer etwas früher gästelos los, um ungestört die in ihr aufglimmenden Eifersuchtsflammen im Weißbier zu ertränken. Natürlich war sie sich der Tatsache bewusst, dass es nichts Festes mit ihm war, aber wie schon erwähnt, eine Seite nimmt es irgendwann doch ernst. Ich nutzte die Hüttentouren, um mich für die bevorstehenden Tage in Form trinken, denn persönlich mag ich keinen Fasching. Auch die meisten Skiurlauber an diesen Tagen wollten ihm wohl auch entfliehen.

Aber wir taten es trotzdem, wir richteten einen Skifasching aus. Was will man auch machen, wenn man eine „rheinblütige" Kölnerin im Team hat.

Es war trotz aller meiner Vorurteile eine tolle Sache mit unserer verlängerten Apreskiparty. Ich ließ den Saunaaufguss an diesem Nachmittag einfach entfallen. Jeder der sich unsere Kasperade wegen einem Saunagang entgehen ließ, war selber schuld. Ich hielt es für eine gute Idee meine eigens kreierte Figur darzustellen, allerdings trug ich aus Temperaturgründen nicht nur ein Unterhemd und eine kurze Hose, sondern meine Arbeitshose aus meiner Lehre, stopfte meinen Bauch aus und versteckte mein Gesicht hinter einem Schnauzbart und dicken Augenbrauen. Ein Gast, dem ich plötzlich ungewollt ähnlich sah, fand das nicht sehr amüsant, der Rest dafür umso mehr. Von einer Sekunde auf die andere stand unerwartet ein bekanntes Gesicht vor mir. Ein Kumpel aus der Berufschule der mit seiner Freundin Snowboarden war und mich ohne meine Hose gar nicht erkannt hätte.

Jagatee, Bier und Glühwein taten ihren Dienst und ermutigten mich zu einem Ritt in einer Plastikschüssel. Ich ließ mich feiern und anfeuern, als ich in diesem Ding Platz nahm. Dann schoss ich einen kurzen, dennoch steilen Hügel hinunter, flog über eine Mauer und landete unsanft auf dem Po. Durch den Alkohol merkte ich zunächst nichts, aber mir tat zwei Tage lang der Rücken weh.

Ostern

Es stand Ostern vor der Tür. Nur noch der obere Teil der Anlage war geöffnet. Die Lifte schlossen, nicht zuletzt mangels Schnees, auch in diesem Zeitraum. Die folgenden Gäste waren empört, da im Internet stand, dass die Schneeverhältnisse noch gut und Talabfahrten möglich seien. Allerdings konnte ich mir das nicht erklären, weil man auf den unteren 200 Höhenmetern bestenfalls noch Wasserski hätte fahren können.

Auf derselben Internetseite, auf der gute Schneeverhältnisse vorgegaukelt wurden, standen auch die Öffnungs- und Schließzeiten der Lifte, was die Gäste aber nicht davon abhielt so zu tun, als seien wir Animateure schuld an den Öffnungszeiten der Kärntner Bergbahnen.

Für Ersatz war aber gesorgt. Es wurde eine Schneeschuhwanderung angeboten, und zur Abwechslung ging es die Piste rauf und nicht runter. Für die Gäste, für die es dennoch nur abwärts gehen sollte, gab es die etwa halbstündig entfernte Turracher Höhe. Deren Lifte waren noch in Betrieb, da der Ort erstens nicht in Kärnten sondern in der Steiermark liegt und zweitens die Abfahrten in das kesselförmige Tal bis minimal 1800 Metern Höhe runtergehen. Schneeschuhwanderung, Liftstillstand und Talkessel hin oder her: Ostern kam in diesem Jahr trotz alledem. Für diese Tage hatten wir ein Hasenkostüm geliehen bekommen und der, der am besten reinpasste, hatte auch was mit einem Kessel zu tun, unser dicker Faultierkollege. Zum Schießen komisch! Ich amüsiere mich heute noch köstlich, wenn ich mir den kurzen Film anschaue, den ich aufgenommen hatte, als er als Hase, mit Kippe im Mundwinkel, durch die Anlage hoppelte, um von uns bestückte Päckchen für die Kinder zu verstecken.
Abends dann wieder eine längere Minidisco, moderiert vom Kaninchen höchst persönlich.

Wenige Tage später Besuch von meiner Mutter und meinem Patenonkel. Sie blieben drei Tage. Wir feierten den Geburtstag meiner Mutter und fuhren am fünften April nach Hause.

Ich „durfte“ eine Woche vor den anderen und vor dem eigentlichen Saisonende gehen, um wenigstens zwei Wochen zum Verschnaufen bis zu meinem nächsten Einsatz in Portugal zu haben.

Durfte ist nicht ganz die Wahrheit, da ich sehr darum gegeben hätte, dass die allgemeinen Umstände noch etwas anhalten. Es gab in Österreich nicht dieselbe Anzahl Mädels wie im Sommer in Bulgarien und auch konnten wir nicht so schön und vor allem kostenlos feiern gehen, jedoch zählt meine erste Saison in Österreich zu den schönsten der dreieinhalb Jahre Animation. In einer genauen Gegenüberstellung aller Saisons würde ich sie auf Platz zwei hinter Bulgarien stellen. Wenn ich darauf zurückschaue, war die Kombination aus Sommer am schwarzen Meer und Winter in Kärnten mit all den netten, kaputten, komischen und liebreizenden Menschen das beste Jahr meines bisherigen Lebens!

Umgang mit Kindern – man sollte keins verlieren

Kinderanimateur ist die schwierigste, anstrengendste und haarsträubendste Tätigkeit in der Animation. Animateure wie ich gehören nicht in Kinderclubs, denn der Urlaub soll für alle ein Vergnügen sein. Daraus habe ich nie ein Geheimnis gemacht, so wie die meisten männlichen Kollegen. Man muss einhundertprozentig bei der Sache sein und darf um Himmels willen kein Kind verlieren. So wie mein „Faultierkollege" in Österreich, der vom Restaurant bis zum Kinderclub, etwa 50 Meter weit entfernt, von drei Kindern eins verlor. Eine beherzte Mutter brachte uns das flüchtige Kind, da es weinte. Geistesgegenwärtig sagten wir ihr, dass wir die Eltern kennten und es zurückbrächten. Derselbe Kollege schaffte es auch, dass ein Kind beim Weg zur Kinderdisco in einem Bach fiel. Das wäre nicht so schlimm gewesen, wäre das nicht zur Winterszeit in Österreich gewesen. Immerhin war das Gör wohlauf!

Schafft man es, Kinder zu begeistern, so hat man sie auf seiner Seite. Allerdings wissen die kleinsten und wichtigsten Gäste nicht, dass Animateure nur eine Arbeit verrichten. Man hat keine ruhigen und freien Momente, solange man sich durch die Hotelanlage bewegt. Kinder lassen einen auch spüren, wenn sie einen mögen.

Es ist toll auf einer Showbühne bejubelt zu werden. Klatscht keiner der Erwachsenen, so tun die Kinder es immer. Sie kennen keinen Stolz. sind gnadenlos ehrlich, fragen nicht nur noch mal nach, wenn sie etwas wollen, sie nerven bis sie es haben oder begreifen, dass es das nicht gibt. Wenn sie keine Lust mehr haben, sagen sie es oder stehen einfach auf und gehen. Hat man so wie ich keinen Draht zu ihnen, so gehen sie gleich oder kommen erst gar nicht.

Aber wen wundert´s? Ich schüttete einem Kind Cola über den Kopf, weil es mir Joghurt auf die Hose schmierte. Bei einer Kinderunterwasserparty, als Hai verkleidet und geschminkt, erschreckte ich ein vier jähriges Mädchen so sehr, dass sie den einzigen Weg sich zu retten, in einem todesmutigen Sprung von der 1,20 Meter hohen Bühne sah.
Aber allgemein erlebt man auch mit Kindern viel Skurriles und Amüsantes.

Ein Mädchen befürchtete, nicht mehr von den Eltern aus dem Kinderclub abgeholt zu werden, später wurde uns erzählt, dass es erst wenige Wochen vorm Urlaub adoptiert worden war, weil seine richtigen Eltern es verlassen hatten. Ein anderes Mädchen wollte der Mutter keinen Abschiedskuss geben mit der Begründung in aller Gegenwart, dass die Mutter den „Pipimann" des Papas im Mund gehabt habe. Ein kleiner Junge erzählte, dass er am Vormittag fast ertrunken sei, was wir für übertrieben hielten. Der Vater bestätigte dies allerdings: Der Knabe war im Hafen zwischen ein Schiff und dem Steg ins Wasser gefallen. Kinder sagen eben immer die Wahrheit, Animateure nicht.

Urlaub mit Kindern ist für manche Eltern aber auch der Urlaub von den Kindern. Manche Urlauber buchen alles, Hauptsache es ist ein Kinderclub dabei, in dem man seinen Nachwuchs abgeben kann. So mancher tüchtige Geschäftsmann erzählte, dass er seine Kinder leider ganz selten sehe und sich darüber freue, dass es im Hotel einen so schönen Kinderclub gebe, da er ja auch mal entspannen wolle. Vor allem Gäste, die ihre Kinder den ganzen Tag unter Obhut der Animation lassen, fragen häufig nach, ob man denn nicht auch einen Babyfondienst einführen könnte, als Ausnahme oder gegen Bargeld. Über dieses Verhalten wundern sich nicht nur Animateure. Vor allem Lehrer und Kindergärtner runzeln die Stirn. Bei so viel Fürsorge ist es kein Wunder, wenn manche Kinder einfach nicht gehorchen, und auch da kommen Animateure gerade recht. Wenn Beispielsweise zum Kind gesagt wird, dass die nette Kinderanimateurin traurig wird, wenn es nicht artig ist. So in etwa wie man zu Kindern sagt, dass der Weihnachtsmann alles sehe und keine Geschenke brächte, oder sie wieder abhole, sollte das Kind nicht artig sein. Aber so wenig wie es den Weihnachtsmann gibt, so wenig sind die meisten Animateure traurig über ungehorsame Kinder.

Wenn die Kinder im Kinderclub angemeldet werden, bekommen sie Anhänger, also so eine Art „Hundemarke", denn auf den EC-kartengroßen Schildchen an den Anhängern, steht der Name, die Zimmernummer, ob das Kind den Kinderclub alleine verlassen darf oder nicht, ferner ein Hinweis, ob es schwimme wie ein Delphin oder eine Bleiente. Normalerweise ist das alles an Informationen die einem diese Karte gibt. Man kann darauf aber auch Hinweise in Form von Kürzeln schreiben, zum Beispiel „BK", was für „Brotkind" steht, also dumm wie ein Brot heißen soll. Oder einfach „AK" für „Arschlochkind". Den Eltern kann man diese als „besonders kreativ" oder „außergewöhnlich kreativ" verkaufen.
Es werden niemals Kinder hervorgehoben oder besser eingestuft als andere. Aber kein Elternteil würde jemals daran zweifeln, dass gerade sein Nachwuchs etwas Besonderes ist und wird gegen solche Kürzel nie Protest erheben.
Also wer mit Kindern in einem Club fliegt, der achte darauf, dass nicht mehr als nötig auf solchen Karten steht.

Portugal

Die Geister, die ich rief

In meiner ersten Woche Heimaturlaub bekam ich für ein paar Tage Besuch von jener jungen Dame, die in der Wintersaison das einzige Singlemädel im Hotel in Sankt Oswald war.

Schon in Österreich erfuhr ich, dass eine Kollegin aus meiner Bulgariensaison auch wieder mit in mein Sommerteam komme.
Wenige Tage vor meiner Abreise in mein neues Zielgebiet Portugal dann eine Nachricht von einer anderen künftigen Kollegin. Es war keine Geringere als die aus der Dortmunder Gegen, die mich ein zweites Mal in Bulgarien besucht hatte, genau die, die mir das Weihnachtsgeschenk nach Österreich schickte. Sie hatte sich beworben und es geschafft, als Quereinsteiger in die Saison, in das Hotel ihrer Wahl zu kommen. Sie wollte nur ihr Abi beenden und als Saisonverstär-

kung zu uns stoßen. So was kommt normalerweise nicht vor. Es ist unwahrscheinlich, gleich beim ersten Einsatz sein Wunschziel zu erreichten, und dies mitten in der Saison. Das Wiedersehen mit den beiden wäre so gar nicht schlimm gewesen, hätten sie sich untereinander nur etwas besser verstanden.

Nach zwei Wochen in der Heimat flog ich nach Faro. Ich besaß sogar zwei Tickets für diesen Flug, da meine Firma auf das erste „Frau" anstatt „Herr" schrieb. Auf der Fahrt ins Hotel hatte ich das Gefühl, von einer Baustelle in die andere zu fahren. Kräne und Schutt schmückten die Landschaft.

In Cabanas bzw. Conceição angekommen, wünschten mir die Mitreisenden im Minibus noch einen schönen Urlaub, bevor ich meine neue Arbeitsstelle beäugte.

Ich kam pünktlich zur Mittagsabsage. Der Chef wollte, dass sich das Team an die An- und Absagen gewöhnt. Deshalb also sprach meine künftige Kollegin bei Nieselregen, vor einem leeren Pool ins Mikro.

An diesem 18. April kurz nach zwölf begegnete ich einer Person, die mein Leben nachhaltig verändern sollte, aber alles zu seiner Zeit.

Der Häuptling war mir bekannt von Lanzarote, ich löste ihn dort anderthalb Jahre vorher als Sportanimateur aus der wunderschön bemalten Abstellkammer ab. Die Begrüßung war herzlich. Ich war im zu früh.

Es waren zwei Teams, unseres und ein hauseigenes, alle, die nicht unsere Klamotten tragen sind Portugiesen. So sagten mein Chef und die graue Theorie, dem war aber nicht wirklich so. Der hauseigene Chef war Portugiese, seine Freundin ebenfalls. Diese konnte aber Deutsch, da sie einige Zeit bei ihrer Schwester in Deutschland gewohnt hatte. Das zweite Mädel war ebenfalls Portugiesin, sprach kein Deutsch und war des Englischen noch weniger mächtig als ich. Die letzte im Bunde war eine Deutsche aus Dresden, die für meine Firma in der Sommersaison zuvor in diesem Hotel gearbeitet hatte und so begeistert war, dass sie nun beim Hotelteam anfing. Wer welche Sprache spricht, war mir am ersten Tag etwas schleierhaft.

In meinem eigenen Team gab es zu diesem Zeitpunkt zwei Mädels, eine war wegen des Teamchefs da, der aber wenig Interesse an ihr zeigte, Umstände, die mir wiederum sehr bekannt vorkamen. Die andere sah aus wie eine Barbiepuppe, konnte mit ihrem Spitzenaussehen aber nichts anfangen. Ganz im Gegenteil, sie ging abends selten mit uns weg, da sie nicht angesprochen oder ganz und gar angemacht werden wollte. Sie war so prüde wie eine Klosterschülerin und hatte die Sachlichkeit eines Vorfahrtsschildes. Ansonsten war sie aber echt in Ordnung.

Den portugiesischen Chef mochte ich auf Anhieb nicht, aber mit der Zeit wurden wir uns sympathisch, nicht zuletzt war er genauso von den Eltern genervt, die ihre Kinder machen ließen, was sie wollten. Er schmiedete Pläne, wie wir die Kinder bei den Abendshows vor der Bühne wegbekommen könnten, denn sie standen teilweise genau davor, so dass man aufpassen musste, sie nicht beim Tanzen zu verletzen. Ihm gefiel es auch genauso wenig wie mir, dass Kinder an der Snackbar, die Eiskelle ins Eis, in den Mund und in den Dreck steckten und das nicht immer in dieser Reihenfolge. Die Eltern, die genau daneben standen, störte es nicht.

Was ich in den ersten Wochen noch nicht wusste war, dass mein mir bis dato unbekannter schlechter Ruf zwei Wochen vor mir nach Portugal reiste und mich ankündigte. Es war mir zwar nicht entgangen, dass jedes weibliche Wesen eine Art Bannmeile um mich zog, aber Gedanken machte ich mir nicht darüber. Auch nicht über den Kommentar einer Kollegin über mich, nachdem ich anfangs, wegen der Klimaumstellung, mehrmals am Tag auf dem Klo verschwand: „Hätte er nicht so viel geschissen, hätte er noch mehr aufgerissen".
Ich zog den Häuptling gleich zur Seite und berichtete über die „Geister", die ich gerufen hatte und die mich aus meiner tollen Vorjahressommersaison verfolgten. Die Mädels konnten sich ein Jahr vorher nicht leiden, warum also auf einmal jetzt? Unsere Regionalleiterin war nicht angetan von der Tatsache, dass einer ihrer Mitarbeiter seine Verhaltensregeln in dieser Art verletzt hatte. Wir konnten nichts machen, die Sache war in Sack und Tüten. Nun konnte ich nur hoffen, dass sie sich nicht in die Wolle kriegen. Es wäre auch nicht fair gewesen, denn die Eltern der „Dortmunderin" hatten den Urlaub schon gebucht, um ihre Tochter, die zum ersten Mal allein außer Landes war, zu besuchen. Es war meine Schuld, also hieß es dafür geradezustehen. Ein Jahr vorher hatte das mit dem turbulenten Liebesleben ja auch ganz gut geklappt und mich in eben diese Situation geritten.

Das Hotel war riesig, etwa 1500 Betten in ca. 350 Zimmern und Appartements. Nach einem Kreisverkehr wiesen Nebengebäude und Blöcke, die entlang einer Straße an eine Kaserne erinnerten, den Weg zum Hauptgebäude. Durch die Lobby ging es in den Innenhof, dessen Herz ein großer Pool war. Zentral neben dem Animationshäuschen lagen der Volleyballplatz, die Bühne und der Mehrzwecksportplatz, die Tennisplätze, sowie der Kinderclub. Die Bühne war angenehm groß, gefliest und überdacht, dazu einen Hochstand für die Licht und Tontechnik. Eine kleine Kanzel auf vier Beinen welche wir wegen ihrer Form liebevoll das UFO nannten. Am anderen Ende der Anlage standen weitere Gebäude und das Restaurant.

Zum Meer musste man mit einem Boot durch die so genannte Lagune fahren. Eine Strecke von etwa 50 bis 150 Meter, je nach Ebbe und Flut. Es ging auf einen etwa sieben Kilometer breiten Landstreifen und nach ca. fünf Minuten zu Fuß erreichte man den schönen aber nie überfüllten Strand.

Das Hotel hatte noch etwas, was ich in den anderen bisher vermisste, ein Fitnessstudio. Etwas veraltet aber dennoch intakt. Gewichte gestemmt hatte ich vorher schon, aber ohne Trainingsmöglichkeiten verliert man, was man aufgebaut hatte, auch wieder sehr schnell. Es war auch nicht so, dass ich nicht genug Sport trieb, es ging einfach nur um meine Optik. Wenn ich jedes Mal fünf Euro

bekommen hätte, wenn ich für ein Foto o.ä. mein Shirt ausziehen sollte, dann hätte ich einen Monat weniger arbeiten müssen.
Kurz nach mir kamen noch zwei Niederländer an, die nur für Kinderbetreuung zuständig waren. Sie bildeten ihr eigenes Team von einem anderen Veranstalter. Die beiden sahen allerdings nach allem anderen, nur nicht nach Holländern aus. Er hätte aus dem tiefsten Afrika und sie aus Indien stammen können.

Nur die zweite Geige

Unser Chef war in Ordnung aber ein Sunnyboy der immer im Mittelpunkt stehen musste, also stand die Rollenverteilung für die Shows bei den Männern schon fest. Ihn mit Worten davon zu überzeugen, dass ich manches besser konnte als er, wäre genau so sinnlos gewesen, wie der Versuch, die Luft aus Eisenbahnrädern zu lassen.

Bei den Damen sah es etwas anders aus, es gab eine Art Casting. Die Tänze wurden durchtanzt und die, welche am besten dabei aussah, kam nach vorne oder hatte das Hauptplayback. Meine Kollegin, mit der ich schon im Vorjahr gearbeitet hatte, schien über den Winter alles verlernt zu haben und war das personifizierte Unvermögen.

Die Mädels gaben alles außer einer, sie brauchte sich nicht anzustrengen, die Deutsche aus dem portugiesischen Team. Sie betonte des öfteren, nur einmal mit Profis arbeiten zu wollen. Sie schien nebenbei der Liebling des Chefs zu sein und glaubte gelegentlich, sie sei selbst Chef. Dies sorgte für Eifersucht bei dessen Freundin, die kampflos alle Rollen der anderen überließ, um keinen Streit zu erzeugen, zog aber bei jeder Gelegenheit über ihre deutsche teaminterne „Konkurrentin" her.

Ich dachte da etwas anders und ließ unseren Chef spüren, dass mir das nicht passte.
Eine Rolle war mir sehr wichtig, wichtiger als der Rest, die des österreichischen Sängers Falco. Ich war nie jemand, der für Proben zu haben war und deshalb sah ich dabei auch schlecht aus und bekam die Rolle nicht. Die Chefs und die „Möchtegernchefin" waren der Ansicht, ich würde nicht gut genug dafür sein, hätte aber die Chance sie zu spielen, wenn ich Besuch bekäme, um dann auch mal der Hauptdarsteller zu sein. Ich war enttäuscht von mir selbst, neidisch auf die Dresdenerin und sauer auf die Chefs. Was wollte dieser Leithammel eigentlich mit den ganzen Hauptrollen? Wirkt es nicht unglaubwürdig, wenn man alles spielt? Aber was fragte ich mich das, die Sache war klar. Er konnte nicht einmal an einem Spiegel vorbeigehen, ohne dreimal hineinzuschauen und zu kontrollieren, ob alles an ihm sitze und seine Haare perfekt seien. Er konnte einfach keine zweite Geige spielen. Aber jeder erntet, was er sät, und so machte ich mir Gedanken darüber, wie ich ihm seine erste Geige kräftig verstellen könnte. Ein guter Anfang diesbezüglich war der naive Versuch unserer „Barbie" für eine 80er-

Show Getränke als Bühnendekoration und Requisite zu besorgen. Naiv war es, weil sie statt echten Biers eine gleichfarbige Seifenmischung auf den Tresen auf der Bühne stellte und unser Chef einen genüsslichen, großen Zug von dem Gebräu nahm und sich übergeben musste. Eins zu Null für die Opposition.

Trotz unserer abendlichen Abwesenheit zwecks Proben, war die Bühne aber nie leer, denn wir hatten mehre Fremdshows. Der erste war ein Zauberer, dessen Tricks man beim zweiten Mal durchschaute. Er versuchte auch ab und zu seine Frau verschwinden zu lassen, zu seinem eigenen Bedauern jedoch ohne Erfolg. Der zweite war ein Brasilianer, der mit zerfledderter Hose, Gitarre und Schlapphut brasilianische Musik spielte. Weniger sein Gesang als viel mehr seine lustige Art gestalteten seine Auftritte sehr sympathisch und amüsant.
Ein anderer Alleinunterhalter war ein Bayer, damals bereits seit etwa zwölf Jahren in Albufeira ansässig. Er spielte langsamen Rock der letzten dreißig Jahre, manches davon in sehr schönen Eigeninterpretationen. Die obligatorische Papageienshow durfte natürlich auch nicht fehlen, denn diese lockt wenigstens Kinder an und bringt viel Geld für Fotos. Die schlimmsten waren allerdings zwei Kerle die ebenfalls Musik machten oder es zumindest versuchten. Wenn die Bühne nicht neben der Bar gestanden hätte, oder die Bar neben der Bühne, wären sie oft alleine gewesen.

Wir selber bekamen in dieser Saison eine neue Show ins Programm, mein Chef und die Supertänzerin der Portugiesen lernten diese von einer DVD. Wenn sie einen neuen Tanz beherrschten, tanzten sie ihn zwischendurch immer so, dass der Rest sah, wie toll sie das machten, so dass mir der Kamm schwoll.
Sie konnte zweifellos gut tanzen, damit gab sie aber meiner Meinung nach auch an. Abgesehen davon war ich, bis auf die Lanzarote-Saison, die Nummer Eins hinter dem Teamchef, und hier sollte mir nun eine übereifrige, perfektionistische Bühnenfee den Pitbullplatz streitig machen? Ein Jahr lang hatte ich mit Leuten aus dem Showteam zusammengearbeitet, meine Tänze saßen bis ins Detail und hier wollte mir eine, die ein Jahr nach mir angefangen hatte, etwas erzählen? Lächerlich.

Sie machte alle Arbeiten, beschwerte sich dann aber, alles alleine machen zu müssen, weil das Team so faul sei. Nun faul vielleicht, aber nicht dumm, zumindest schlau genug, um die Arbeitswut der Dresdenerin auszunutzen. Lichteinstellung, Müllentsorgung, Kostüme vorbereiten, Musikboxen am Pool aufstellen, Bühnendekoration und vor den Shows die Bühne zuckeln waren neben ihrer eigentlichen Arbeit als Sportanimateurin ihre Lieblingsbeschäftigungen. Zur Erläuterung: Wir wischten die glatte geflieste Bühne mit Zuckerwasser oder Cola, damit wir mehr Haftung hatten und nicht so schnell wegrutschten. Natürlich bestimmte sie vor welcher Show gezuckert wird und vor welcher nicht. Um sie zu ärgern, zuckerte ich die Bühne jedes Mal.

Mehrmals schlug ich ihr vor, die Nebenarbeiten einfach sein zu lassen und nicht, damit die anderen auch mal den Hauch einer Chance bekommen würden, etwas zu tun, vergebens.

Rock me Amadeus

Recht früh besuchte mich meine Mutter in Portugal. Jetzt war es an der Zeit, die Rolle des Falco, die mir so wichtig war, einmal zu spielen. Ich beschäftigte mich eine Woche mit dem Sänger und dem Original Musical. Jede Geste kopierte ich, und die Lieder hörte ich, bis ich sie im Schlaf beherrschte. Diese Rolle hatte ich schon mehrmals in anderen Saisons gespielt, aber das hatte die Chefs nicht überzeugt, also musste ich es dort komplett anders machen als sonst.
Der Tag war da, immer noch meinen MP3 Player dabei, der mir die Musik in die Ohren dröhnte, schminkte ich mich, ging auf die Bühne und legte die wahrscheinlich beste dieser Shows hin. Ich wurde so zusagen zu ihm, so gut es ging. Bei der Shownachbesprechung rieselten die Entschuldigungen auf mich ein und ich behielt die Rolle für den Rest der Saison. Mein Chef musste sich dem Urteil des portugiesischen Chefs beugen, wenn auch wider Willen. Meine tanzbegabte Teamkollegin schwieg.

Eine Woche nach meinem Hauptrollendebüt bekam ich wegen des Besuches meiner Mutter einen Tag außer der Reihe frei. Wir wollten ins vier Stunden entfernte Gibraltar. Mein Chef bat mich, möglichst vor Showbeginn zurück zu sein, wobei der portugiesische Teamchef wusste, dass ich dies nicht täte. Ich hatte schließlich frei und war immer noch etwas sauer, meine Lieblingsrolle nicht von Anfang an bekommen zu haben, also war es an der Zeit, mich bei meinen Chef für die Warterei zu bedanken. Ich war pünktlich zurück, ging dann aber mit meiner Mutter noch Abendessen, so dass er die Rollen kurz vor Beginn noch tauschen musste.

Rudelgucken

Wegen der Fußballeuropameisterschaft wurde ein Großbildfernseher neben die Bar geschleppt. Die Barleute malten sich die jeweiligen Landesfarben ins Gesicht, von den Mannschaften, die an den Tagen spielten. Da unsere Shows im Normalfall erst um 22 Uhr begannen, war es kein Problem zu warten bis das Spiel zu beendet war. Wenn „Wir“, also die deutsche Fußballnationalmannschaft gut spielte, waren auch die Gäste bei den Shows gut drauf und gaben mehr Applaus. Weil ich nicht der größte Fußballfan bin, machte ich mir einen Spaß daraus, die Gäste zu fragen, wo sie denn mitgespielt haben, wenn sie davon erzähl-

ten, dass „Wir“ gespielt hatten. Hätten „Wir“ wirklich mitgespielt, dann wären „Wir“ schon viel früher rausgeflogen.
Damals gab es auch nur einfaches Rudelgucken und kein Public-Viewing und Gott sei Dank keine Vuvuzelas.

Meine deutsche Kollegin vom portugiesischen Team hatte alle Hände voll zu tun, als sie versuchte, ihre eigene Show auf die Beine zu stellen. Sie hatte eigene Ausschnitte aus einem Musical vor, dessen Handlung sich wie Windmühlenflügel um ein Pariser Bordell dreht ‚Moulin Rouge“.

Weil wir genug mit Proben zu tun hatten, fand ich es unpassend, dass sie selber noch eine Show choreografieren wollte. Sie bekam die Zeit von ihrem Chef, um im Fitnessstudio zu proben, was bedeutete, dass die anderen ihre Arbeit mitzuerledigen hatten. Wenn man sie sah, dann an der Bar, um sich was zu trinken zu holen. Ging man am Fitnessstudio vorbei, hockte sie vor der Musikanlage oder saß mit Handtuch und Getränk in einer Ecke. Einmal habe ich sogar gesehen, dass sie sich bewegte: Sie stand auf, drehte sich, blieb stehen und ärgerte sich über etwas.

Nach ungefähr zehn Tagen wurde die Sache abgebrochen. Einerseits, weil sie der Meinung war, dass es für den größten Teil des Teams zu schwer sei, andererseits hieß es, dass sie mit all dem nicht klarkam und professionelle Hilfe bräuchte. Also ich meine, zum Choreografieren einen professionellen Choreografen, der ihr hilft.

Dementsprechend war die Dekoration, die der Dekomeister des Reiseveranstalters gezaubert hatte, auch erstmal für die Katz. Gut war aber, dass wir nicht noch mehr proben mussten. Die Dresdenerin wollte vielleicht im folgenden Jahr wieder nach Portugal, aber der Rest nicht, also wäre ich sauer gewesen, wenn wir mehr Proben gehabt hätten, weil sie sich verwirklichen wollte.
Eine Sache, die der Dekorateur gebaut hatte, erleichterte uns aber die Shows ungemein, eine Wand auf der Bühne, hinter der wir langlaufen konnten, um während der Show die Seite wechseln. Vor galt es immer, hinter der Bühne durchzurennen. Es war eine gute Lösung, jedoch auch Teil eines neuen Problems. Wir sollten sie nicht schwarz, sondern rot streichen, aber neutrale, schwarze Bühnen lassen sich einfacher gestalten und dekorieren. Das Management war jedoch der Meinung, dass die Bühne dann aussehe wie ein Grab. Die Bühne selber war gelb, die neue Wand rot, also kam man sich vor wie bei McDonalds. Jedes Mal war alles mit schwarzen Tüchern abzuhängen, um dekorieren zu können. Bei der Abdekoration ließ ich irgendwann die schwarzen Tücher dran, keiner sagte etwas.
Als ich den Dekorateur ein halbes Jahr später wieder sah und ihm berichtete, dass wir „Moulin Rouge“ nicht gemacht haben, wollte er nie wider Extrawürste machen. Nur noch Dekorationen, die der Veranstalter vorgibt. Zur Sommersaison ein Jahr später kam die Show aber doch noch zustande, denn die Dame aus Dresden stellte die Show für das Hotel endlich fertig. Warum diese dann aber doch nur zweimal aufgeführt wurde, kommt später.

Meine Nachbarn haben mich geliebt

Vor dem Hauptgebäude standen die Blocks für die Angestellten. Eines Abends feierten wir bei unseren niederländischen Kollegen, die ein paar hundert Meter vom Hotel ihr Quartier hatten. Ich verließ die Feier gegen halb vier in der Nacht und marschierte Richtung Hotel. Dort angekommen verspürte ich etwas Hunger und fällte die Entscheidung, meine spanische Salami zu braten. Sie schmeckte sowieso nicht und wegwerfen wollte ich sie nicht. Sie landete in der heißen Pfanne und wurde verspeist, anschließend weichte ich die Pfanne mit Wasser ein und fiel ins Bett. Die Pfanne muss genug Qualm erzeugt haben, um den Feueralarm auszulösen, so dass mitten in der Nacht die Sirene im ganzen Block heulte.

Eine Woche später versuchte ich eine Bierflasche mit meiner Mückenspraydose zu öffnen. Die Flasche blieb zu aber ich hatte ein Loch im Boden der Spraydose. Der Inhalt schoss durch den Druck in der Dose nach draußen, und ich warf die Dose in den Gang. Im ganzen Flur stank es entsetzlich nach Mückenspray.
Mücken jagte ich auch mit Hilfe eines Feuerzeugs und Deospray, dabei zündete ich aber nicht die Mücken, sondern aus versehen meine Toilettenpapier an. Das führte wundersamerweise dann nicht zu erneutem Auslösen des Feueralarms.
Zu allem Überfluss hatte ich meist eine gescheite Geräuschkulisse, egal ob voll aufgedrehte Musik oder nächtlicher Besuch: Es war laut sobald ich im Block war.

Make some noise

In Portugal machte ich wieder was Neues in einer Sommersaison, aber leider hatte es diesmal nichts mit Go-Kart oder Jetski zu tun. Abwechselnd hatten wir Klettern an der Kletterwand im Hotel und eine Kanutour im Programm. Die Kletterparty wurde wenig angenommen, aber dafür erfreute sich das Kanufahren hoher Resonanz. Da die meisten mit ihren Kindern fuhren, durften die blöden Animateure immer die bis zu 60 Kilo schweren Kanus zum Meer und wieder zurück schleppen. Wir hatten zwar ein paar Räder zum Druntersteckenund Rollen, aber man hatte die kleinen Boote dreimal schneller getragen.
Die Gäste ließen sich von Wind und Wetter nicht abhalten, in See zu stechen. Nach der zweiten Tour hatte ich schon keinen Spaß mehr daran und betete daher an den Kanutour-Morgenden um Regen.

Obendrein durfte ich dieses Programm auch immer mit der Portugiesin durchführen, die kein Englisch konnte. Abgesehen davon, machte sie, was sie wollte, wenn wir Zwischenansagen machen sollten, ich auf Deutsch und Englisch, sie auf Portugiesisch, erschien sie nicht, und mein Portugiesisch war, trotz Sprachunterrichts beim Chef, noch ungeeignet.

Spielten wir Volleyball, saß sie im Schatten und unterhielt sich mit Gästen.

Kritisierte ich sie, so rannte sie zu ihrem Chef und petzte, aber der war meist meiner Ansicht und sagte, dass sie arbeiten und sich an die Vorschriften halten solle, ein weiterer Grund, warum ich mich mit dem portugiesischen Chef ganz gut verstand.

Mein eigener Chef, der die Fitnesskurse übernahm, lief inzwischen zur Hochform auf, wenn er am Pool seine Aquakurse gab. Wir konnten sein ständiges „make some noise" nicht mehr hören. Ein kleines Kind schien das genauso zu sehen. Also nahm es einen Becher Wasser und goss dessen Inhalt über die Sendeeinheit seines Headsets, das er an der Hose trug. Es knackte kurz hässlich in den Boxen dann war Ruhe. Das Kind entkam, und die Familie konnte für den verursachten Schaden nicht belangt werden.

Kindergarten

Kurz nach ihrer Ankunft merkte mein zweites „Bulgarienmitbringsel", dass ich es mit ihr eigentlich nicht ganz so ernst meinte wie umgekehrt. Sie erkannte schnell den Unterschied eines Animateurs aus Gästesicht und aus der eines Kollegen. Kurzerhand vereinte sie sich mit der anderen meiner Kolleginnen aus Bulgarien, die sie im Sommer zuvor nicht hatte leiden können. Diese wiederum hatte sich schon mit Verehrerin des Chefs verbündet und zu dritt bildeten sie unseren Kindergarten.

Sie hielten wie Pech und Schwefel zusammen, erledigten keine Aufgaben von alleine und machten, was sie wollten. Wenn man in die Zimmer der Mädels kam, fand man abgesehen von Wäschebergen, Müll auch einen riesigen Stapel Geschirr und Pfannen mit angeschimmeltem Fett. Die einzige, die in dieser Bude Ordnung hielt, hatte natürlich bei Zeiten keine Lust mehr hinter dem Rest herzuräumen. Wenn wir die Bühne dekorierten, fragten sie immer, was wir bräuchten. Obwohl wir diese Shows in zwei Wochentakten machten und zwei der Mädels ja schon mindestens eine Saison hinter sich hatten, hatten die drei keine Ahnung, was als Dekoration auf die Bühne musste. Ich antwortete irgendwann nur noch mit „wie immer", damit war mir aber nicht geholfen, da sie es ja dennoch nicht wussten und der Zickenterror sich aufblähte. Ich vergriff mich deshalb auch immer öfter im Ton, was mir dann wieder vorgehalten wurde.

Auch wenn es ums Aufräumen der Requisite ging, waren es meist nur wenige, die aktiv waren. Wir legten manchmal die vollen Müllsäcke in die Tür, damit unsere drei Damen vom Kindergarten sie mitnähmen. Sie stolperten oft über ihre eigenen Füße, aber alle drei schafften, es einen großen Schritt über die Säcke in der Tür zu machen. Danach regten sie sich noch auf, dass jemand so blöd gewesen sei und den Müll in der Tür habe liegen lassen. Mitgenommen haben sie ihn jedoch nie, sie wussten aber, dass Dummheit Freizeit schafft.

Schaltet man eine Musikanlage ein, muss man eine Reihenfolge beachten, sonst tut es den Boxen nicht gut. Aber dies hört man, es knallt einmal kräftig, deshalb schaltet man die Boxen als letztes ein und als erstes wieder aus. Zur Vereinfachung hatten wir eine Verteilersteckdose mit Knöpfchen. Bei zwei Boxen sind es zusammen nur drei Knöpfe gewesen, die zu drücken waren. Man hörte dennoch, wer an an der Technik saß, man hörte ob es knallte oder nicht.

Man hörte auch, wer die Ansage machte, bevor auch nur das erste Wort gesprochen war. Ein schmaler Gang führte vom Technikhäuschen vorbei am Fußbecken, das dafür da war, den Sand von den Füßen der Gäste zu spülen, die gerade vom Strand kamen, damit er nicht in den Pool gelangte. Am Ende des Ganges hing eine der beiden Musikboxen. Eine Musikbox dröhnt und fiept wegen einer Rückkopplung, wenn man ihr mit einem eingeschalteten Mikrofon zu nahe tritt. Die Mädels schalteten das Mikrofon immer schon ein, bevor sie an der Box vorbeiliefen, so dass es des öfteren dröhnte und fiepte.

Eines der drei Mädels kam jeden Morgen mit Pullover, setzte ihre Sonnenbrille von den Augen auf ihren Kopf, schaute in den Spiegel, zog den Pullover aus und die Sonnenbrille tief herunter. Dann setzte sie sich hin und legte die Sonnenbrille auf ihren Schoß. Stand sie zum Vorbereiten der Ansage auf, fiel die Sonnenbrille erneut runter. Dies geschah fast jeden Morgen und ich wurde fast wahnsinnig. Aber nicht nur ich, der portugiesische Chef war ja auch nicht blind und freitags zum Wochenmeeting warnte er eindringlich: „try to be professionell“. Er gestand mir einmal, dass er das Gefühl habe, kleinen Kindern beizubringen, wie man sich die Schuhe binde. Von Montag bis Freitag Schuhbindeunterricht, am Samstag können sie es, Sonntag ist frei und Montag haben sie es wieder vergessen.

Ich merkte, dass die drei Damen untereinander über uns, also die Dresdenerin und mich herzogen. Das war zwar nicht nett, aber wir machten es ja nicht anders mit ihnen, und es ließ sich zu unserem Vorteil nutzen. Wenn eine der drei Grazien eine Aufgabe hatte, sagte ich zu einer der anderen, dass diese sie sowieso nicht erledigt würde. Wenige Minuten später rannte die Beauftragte wutentbrannt an uns vorbei und tat, was ihr aufgetragen worden war.

Unterdessen plagte meine Dresdener „Widersacherin“ ein anderes Problem. Sie war mit Abstand die beste Tänzerin im Team und wurde gebeten, sich etwas zurückzunehmen. Sie sollte weniger mit ihrer Tanzleistung hervorstechen, denn schließlich sollten die Anderen nicht NOCH schlechter aussehen. Mit ihrer tänzerischen Begabung, die sich auf ihre Zeit als Sportakrobatin zurückführen ließ, wurde sie Opfer ihres eigenen Erfolges. Sie sollte den Neuen in der Animation die Showtänze beibringen. Den Neuen im Team und denen, die die Tänze über den Winter verlernt hatten. Anderthalb Wochen lang erklangen dieselben drei Melodien zu jeder freien Minute durch die Anlage. Ich konnte diese Musik nicht mehr hören, und meine Teamkollegin tat mir fast leid.

Bergfest

Unser Bergfest war weniger grandios als ein Jahr zuvor in Bulgarien, aber dennoch toll. Wir fuhren mit dem Boot, das die Gäste durch die Lagune bugsierte und suchten uns auf dem schmalen, langen Landstreifen ein geeignetes Plätzchen. Es war verboten, dort zu nächtigen, dennoch machten wir ein Feuer, bauten einen Grill auf und feierten dort die Mitte der Saison. Auch ließen wir uns nicht davon abhalten, ins Wasser zu gehen. Durch die hohe Luftfeuchtigkeit waren wir eh alle durchnässt. Eine der Portugiesinnen, die nur für die Kinderanimation und die Minidisco da war, betrank sich fast jeden Abend und auch diesen. Böse Zungen behaupteten auch, sie würde andere Spaßmacher zu sich nehmen. Jedenfalls redete sie die halbe Nacht, bis wir sie um Ruhe baten. Sie wurde stinksauer und schlug um sich. Dumm nur, dass ich genau da in ihrer Nähe war, denn ich bekam ordentlich was ab. Ich lachte sie aus in meinem angeheitertem Zustand, woraufhin sie noch wütender wurde. Im Laufe der Saison bekam sie einen Rauswurf wegen Alkoholmissbrauchs.

Wie ein altes Ehepaar

Portugal war eine Saison wie Sex, ein ständiges Auf und Ab. Während mein Anhängsel aus Bulgarien lernte, dass Animation nicht nur das ist, was wir ihr in der voran gegangenen Sommersaison gezeigt hatten, sondern auch Arbeit bedeutet, geschah im Team noch was anderes. Wir waren fünf Leute, die sich die größte Mühe gaben, ihre Aufgaben zu meistern. Die beiden Chefs, die Barbiepuppe, unsere Tanzkoryphäe und ich. Sie und ich waren ab Mitte der Saison zusammen im Sportprogramm und erstellten auch abwechselnd das Bühnendekor für die Abendshows. Wir bekamen mit, dass wir uns arbeitsmäßig ganz gut ergänzten, so dass sie mir aufgrund ihrer Kompetenz langsam sympathisch wurde. Aber dennoch: Wir hatten kleine Differenzen. Holte ich was zu trinken, so fragte ich sie, ob sie auch etwas wolle. Bejahte sie, so rannte sie, ohne was zu sagen, zur Bar. Ab und zu trank ich aus Schur ihre Sachen weg, was sie zu Selbstzweifeln brachte. War etwas zu erledigen, so tat sie es sofort. Ich wartete bis kurz vor knapp mit Vollziehung der Aufgaben. Wenn ich eine Aufgabe erledigen wollte und es nicht gleich tat, wurde sie sauer und machte es selbst. Das machte mich wiederum sauer und ich machte es noch mal, als hätte ich nicht gewusste, dass es schon längst erledigt war. Spielten wir Volleyball, zählte sie meist die Punkte. Das war OK, da sie leicht von anderen Punkteständen zu überzeugen war, weil sie sich oft verzählte. Hatte sie keine Lust mehr, setzte sie sich in den Schatten und fragte mich, ob ich weiterzählen würde. Egal wie meine Antwort lautete: Sie hörte immer damit auf, während ich gar nicht erst anfing. Wer an dieser Stelle glaubt, dass wir uns wie ein altes Ehepaar verhielten, der liegt nicht falsch. Ein

Landungsversuch bei ihr war zunächst aber nicht in Sicht, da sie sich in der Vorsaison mit einem ihrer portugiesischen Kollegen in die Nesseln gesetzt hatte. Erfahrung macht man eben erst, kurz nachdem man sie gebraucht hätte.
Als sich eine der drei Kindergartenmädels ihre Nächte im Restaurant um die Ohren schlug, weil sie eine begabte Zeichnerin war und die Ecke des Kinderbuffets mit Bildern verzieren sollte, brauchte man im Kinderclub Ersatz. Tagsüber war das Restaurant meist gut besucht, so dass meine Kollegin nachts ranmusste und den Tag über freibekam. Die Auswahl für den Ersatz war gering, und da ich weder in den Kinderclub wollte noch aus Sicherheitsgründen durfte, war die einzige und vernünftigste Entscheidung meine Dresdener Sportkollegin zum Kinderanimateur zu degradieren. Beim Wochenmeeting erklärte sie, dass der Kinderclub für sie wie ein Gefängnis sei. Sie wollte zwar sonst alles mehr als richtig machen, aber im Bezug auf Kinderanimation hatten wir dieselbe Meinung.

Gefälschte Bewertungsbögen

Wie auch in den anderen Hotels sollten wir Bewertungsbögen an die Gäste verteilen, wo Noten von Eins bis Fünf zu verteilen waren. Diese beinhalteten Fragen rund um die Animation wie Sport, Fitness, Kinderbetreuung, Material, Shows und Bühne. Ich hatte Lampen in meinem Zimmer, diese waren nach oben hin mit Milchglasscheiben verkleidet. War das Licht an, konnte man wunderbar andere Sachen abpausen, also wenn mir eine Bewertung nicht gefiel, schrieb ich sie neu und pauste den Namen der Gäste ab, damit man meine Schrift nicht zu erkennen war.

Einmal war ich so sauer auf unsere Kinderclubmädels, dass ich Jungs und Mädels getrennt beurteilte. Ich gab den Mädels zwischen vier und fünf und den Jungs zwischen eins und zwei. Das sorgte für Ärger bei den Damen. Ich wusste allerdings auch, dass die Mädels, die nichts dafür konnten, keinen Ärger bekamen, da unsere Chefs wussten, wer seine Sache gut machte. Das Sportprogramm wurde eh gelobt, also hatte auch meine deutsche Kollegin aus den portugiesischen Reihen nichts zu befürchten. Deswegen bekamen nur die Mädels, die es verdient hatten, Ärger.

Allerdings erhielten sie auch dadurch, was sie wollten. Sie kamen raus aus dem Kinderclub, hatten also keine Verantwortung mehr und konnten noch mehr faulenzen. Aber kreativ waren sie dennoch, als wir mit der Inventur begannen, verwandelte die eine unser Animationsbüro in ein Terrarium. Während wir Kisten schleppten, spielte sie mit einem Chamäleon, das ihr ein Poolboy mit Frauennamen brachte. Damit schien er ihr Herz erobert zu haben, denn sie ist noch immer mit ihm dort.
Gegen Ende der Saison fuhren unsere Teamchefs in ein Hotel, das im Sommer des nächstes Jahres nicht mehr zu unserem Reiseveranstalter gehören sollte und holten Material, um es bei uns einzulagern. Meine Sportkollegin und ich trugen

die Verantwortung über die beiden Teamhälften, sie für die Portugiesen, ich über die Deutschen. Ich setzte mich zum Morgenmeeting wie gewohnt auf meinen Platz, sie hingegen thronte auf den Platz der Chefs, um höher zu sitzen als der Rest, ein Fehler, da sie ohnehin als Möchtegernchefin betitelt wurde, schoss sie ein Eigentor. Auch ich fand das nicht in Ordnung und sie sank auch in meiner Sympathieliste.

Portugal ist minimalistisch

Ich besuchte Gibraltar, was mich am meisten interessierte seitdem ich den Kriegsfilm „Das Boot“ gesehen hatte, in dem das deutsche U-Boot vor Gibraltar auf Grund geht. Dann noch Vilamoura, einen der größten Jachthäfen Europas. Abgesehen davon Sevilla, Vila Real und Tavira, die Stadt mit der Brücke mit sieben Bögen, laut Reiseführer auch als „Klein-Venedig“ bezeichnet, was aber keineswegs zutrifft.

Egal wo ich war, stellte ich fest, Portugal ist minimalistisch. Anstatt schönen Dekors und Korbstühlen unter Bambus- oder Schilfdächern gab es Fliesen im „Zahnarztbehandlungsraum-Stiel“ und Plastikstühle wie im Aufenthaltsraum einer Fleischerei. Die Fliesen galten allerdings mal als Zeichen für Wohlhabende, sie waren als Dämmung da und seltsamerweise außen am Haus angebracht. Es sah teilweise so aus, als hätte man das Haus im Bereich der Küche oder des Bades einfach abgeschnitten, um eine Straße zu bauen.
Die schönste Kulisse am Meer selber präsentierte die Felsalgarve, die in all den Katalogen zu sehen ist und sich ab Albufeira in Richtung Westen entlang der Küste erstreckt. Die Steilküste mit den kleinen Stränden gibt einfach ein tolles Bild ab.

Die Saison in Portugal war der Anfang vom Ende, da zwei zuerst getrennte Produktlinien zusammengelegt wurden und die Animation der ganzen Familie in unserer Produktlinie, immer mehr der alleinigen Kinderanimation wich. Mein Wunsch im Winter in Fuerteventura eingesetzt zu werden, scheiterte an der Post, da mein Wunschzettel nicht in der Zentrale in Deutschland anlangte. Die Dresdenerin wurde nach der Portugalsaison fast meine beste Freundin, und dafür, dass sie mich anfangs ignorierte hatte, flossen doch verdammt viele Tränen, als ich in den Bus zum Flughafen kletterte. Zur Wintersaison nahm ich mir vor, auf ein Fitnessseminar zu gehen und die nächste und für mich letzte Sommersaison als Animateur, in der anderen Produktlinie zu verbringen.

Teamchefs

Meiner Meinung nach, bestehen drei Gründe zu tun, was jemand anderes möchte. Erstens – der wahrscheinlich meistverbreitete – man wird dafür bezahlt. Zweitens: Man muss es tun, obwohl „müssen“ immer relativ ist, denn man hat immer die Wahl, „Nein“ zu sagen und anderorts hinzugehen. Drittens ist die beste Voraussetzung für den, der etwas möchte, etwas zu tun, weil man es selber will.

Es gibt Teamchefs, mit denen man Pferde stehlen kann, andere möchte man auf denselben weit wegreiten sehen. Hat man einem Chef, der den Chef nicht raushängen lässt und auf das Team eingeht, indem er die Stärken und Schwächen ausmacht und sie positiv nutzt, hat man eine tolle Saison (ich erinnere an meinen Chef in Bulgarien und meine Chefin in Kroatien). Diese Art von Teamleitung sind meist diejenigen um Mitte bis Ende zwanzig. Sie sind nicht mehr grün hinter den Ohren, haben etwas Erfahrung, sind aber immer noch Leitwolf, wenn sie eine andere Meinung gelten lassen, wogegen die jüngeren aus Unsicherheit alles was sie wollen, durchzusetzen versuchen. Sie sind oft charakterschwach, fürchten aber auch, so zu wirken,

Da diese dann auch oft die jüngsten im Team sind, versuchen sie alles mit der Brechstange durchzusetzen und machen sich lächerlich oder unbeliebt. Sie geben nicht nach und lassen keine andere Meinung zu. Nach meiner ersten Saison wurde mir gesagt, dass ich Teamchef werden solle. In meiner zweiten Saison habe ich gesehen, was passiert, wenn man sich als Chef im Team unbeliebt macht. Werden kann es jeder, sein aber nicht.

Man hat nicht nur die Aufgabe, das Team zu leiten, allen die nötigen Sachen beizubringen oder Wochenpläne zu schreiben, sondern steht auch immer zwischen dem Veranstalter und dem Team. Die fähigen unter den Chefs stehen mehr zum Team, da das die Leute sind, mit denen sie arbeiten. Natürlich versuchen die meisten den Willen des Veranstalters durchzusetzen, aber gleichzeitig mit den Animateuren gut klarzukommen. Manche hingegen lassen sich alles aufdrücken, geben es so an das Team weiter und meckern dann selber, wenn etwas nicht funktioniert. Die besten Teamchefs erkennt man daran, dass man sie nicht erkennt, da sie meist genauso am Programm teilnehmen wie alle anderen auch.

Die schlechtesten sieht man nur abends auf der Bühne und das fast immer in der Hauptrolle ganz vorne. Ich wurde auf Lanzarote und auf Menorca ab und zu gefragt, wer denn die eine eigentlich sei, die abends immer mit auf der Bühne stehe, aber tagsüber nicht zu sehen sei. Wenn ich die Chefs in eine Sympathiereihenfolge bringen müsste, würde ich den Iraker, der in Bulgarien mein Chef war als erstes nennen. Gefolgt von meiner Chefin in Kroatien, meinem Chef aus meiner ersten Österreichsaison und dem Österreicher auf Menorca. In einem verbesserungsfähigen aber dennoch angenehmen Mittelfeld liegen meine Chefin aus meiner zweiten Österreichsaison, meine Chefin von Kreta und der Möchtegernschönling aus Portugal. Als Schlusslichter zählen die optisch zwar reizenste aber nicht unbedingt beste Chefin von Menorca, meine Chefin von Lanzarote und ihr Nachfolger, der Klosterschüler aus Bayern.

Zudem macht der Chef auch noch die Bewertung, das so genannte „Feedback“ mit den Animateuren. Dies ist meiner Meinung nach nicht so ernstzunehmen, da es nur die subjektive, meist etwas eingeschränkte Sicht eines Einzelnen, des Teamchefs widerspiegelt. Jeder hat andere Prioritäten. Was bei einem richtig ist, kann bei einem anderen schon wieder falsch sein. Wenn das ganze Team einen bewerten könnte, wäre dies die bessere Variante. Ich hatte meist die besten Bewertungen im Team, habe meine Arbeit aber nie anhand von Lob und Tadel verändert, da ich den Job aus Spaß gemacht habe und man es allen eh nicht immer recht machen kann. Eigentlich dürfte man auch nicht wissen, wie die Bewertungen der Kollegen aussahen, aber es hat sich immer so ergeben, dass ich sie meist erfahren habe, sei es durch meine erste Chefin, die diese einfach so umherliegen ließ, oder meine Chefin in meiner zweiten Österreichsaison, die sie ungeschützt auf ihrem Laptop unserem verantwortlichen Animateur überließ, als sie auf ein Seminar ging. Andere zeigen sie einem auch nach Feierabend.
Ich habe den Job aus Spaßgründen gemacht, nicht um eine gute Bewertung zu ergattern. Zu meiner letzten Chefin auf Kreta sagte ich, dass sie schreiben kann, was sie will, ich unterschreibe alles. Ich habe die Bewertung bis heute nicht gelesen.

Österreich Teil Zwei

Letztes Jahr war´s besser

Eine meiner ersten Handlungen zurück in Deutschland war es, ein Bahnticket nach Lübeck zu bekommen. Ich wollte das Mädel, das ich in Österreich kennengelernt hatte, besuchen. Auch Deutschland hat tolle Ecken und eines der Weltkulturerben ist die Stadt nahe der Ostsee. Damit ich vor Ort die öffentlichen Verkehrsmittel nutzen konnte, wurde mir in Windeseile ein Studentenausweis gefälscht, den ich heute noch habe. Es war ein tolles Wochenende, Grund genug mehr zu versuchen. Sie war ohne Zweifel in mich verliebt, jetzt denke ich mir, wäre meine Liebe ein Boot gewesen, dann wäre sie ertrunken.

Wenn man die Tätigkeit als Amateur aufgibt, so braucht man Zeit, um ins „normale Leben“ zurückzufinden. Ein Stoppen aus voller Fahrt mit anschließendem Richtungswechsel ist unmöglich. Immerhin wollte ich noch ein Jahr als Animateur dranhängen, diesmal sollte es das letzte Jahr sein. Die Studentin hätte auch auf mich gewartet, doch so etwas hatte ich schon einmal erlebt. Ich hatte bereits ein Mädel für ein halbes Jahr in Deutschland zurückgelassen, was ich

nicht noch einmal jemandem zumuten wollte. Ich will ja auch nicht, dass ich mal so lange warten muss. Was dabei raus kommt, habe ich erlebt und aus meinen Fehlern gelernt.
Also war es nichts mit der Beziehung zu meiner Urlaubsbekanntschaft von vor einem Jahr. Ich brachte die Sache bei einer Feier bei ihr zu Hause zum Ende.

Unsere Wunschzettel waren nicht in der Zentrale angekommen, also waren die besten Plätze schon weg, als wir den zweiten Versuch starteten unsere Wunschziele für die kommenden Saisons anzugeben. Ich wollte nach Fuerteventura, in dasselbe Hotel, in dem ich zwei Jahre zuvor meine erste Teamchefin besucht hatte. Eines Nachmittags im November erhielt ich einen Anruf aus der Zentrale. Angeboten wurden Clubs in Ägypten und in Tschechien an. Als mein Neffe im Hintergrund anfing zu weinen, weil er gerade vom Sofa gefallen war, wurde ich gefragt, ob ich nicht auf die Kanaren in einen Kinderclub wolle.

Drei Monate Kinderclub, danach wäre ich reif für die Klapse. Wie hätten die obercoolen Teamchefs gesagt, das ist ein absolutes „NO GO"!
Die Dame am Telefon fragte, wie es mit Österreich aussehe und ob ich Skifahren könne. Diese Frage war überflüssig, obgleich meine Erlösung. Man geht zwar nicht zwei Mal ins selbe Hotel, aber es war besser als die Alternativen. Ich sollte in dem Hotel anfangen, in dem ich meine zweitbeste Saison verbracht hatte und war froh, dass es nicht der Kinderclub war, in den ich geschickt wurde.

Um den schlechten Lauf der Dinge nach meiner „Trennung" mit der Sangerhäuserin fortzuführen, streckte mich zwei Tage vor Silvester ein Fieber nieder, so dass ich am 31. Dezember dann 40 Grad maß. Das war schlecht, denn abgesehen davon, dass Neujahr bei mir gefeiert werden sollte, musste ich am 2. Januar mit dem Zug nach Sankt Oswald. Ich stornierte mein Ticket und holte mir eins für den 06. Januar. Immer noch nicht ganz fit, fuhr ich mit drei Taschen, Laptop und Rucksack, der gleich zu Anfang der Reise angefangen hatte, sich in seine Bestandteile aufzulösen, Richtung Österreich. Wie zu erwarten, hatte der Zug über eine Stunde Verspätung wegen Schneeverwehungen. Mich plagte unterdessen, außer meinem schlechten Gewissen, mein bevorstehendes Fitnessseminar. Ich war mir nicht mehr sicher, das Richtige zu tun. Also begnügte ich mich mit dem Gedanken einen guten Kumpel, den ungarischen Skilehrer, wiederzutreffen, Ski zu fahren und den Kopf frei von blonden Studentinnen und Fitnesskursen zu bekommen.

Beim Umsteigen rief ein völlig hilfloser, junger Australier um Hilfe. Er verstand die Lautsprecheransagen nicht, wie hätte er auch, sie waren komplett auf Deutsch. Nach vielen verspäteten Zügen und diesmal mit Handy, kam ich wie ein Jahr zuvor, in Spittal an der Drau an.

Ich wurde von meiner Teamchefin und einem Hausmeister abgeholt und auch schon von meinem ungarischen Skilehrerkumpel erwartet. Meine neue Chefin erzählte mir gleich, dass sie hoffe mit dem Team nicht so aneinanderzugeraten, wie die Saisons zuvor. Komisch fand sie, dass ihre Teams alle gleich negativ auf sie reagierten. Oh, hätte sie mal darüber nachgedacht!

Es ging zur Begrüßung gleich in die Hütte der tollen selbstgemachten Speisen und Getränke, die immer noch Ziel der wöchentlichen Fackelwanderung war.

An meinem zweiten Abend kam meine Chefin auf die Idee, den Traktor des Hausmeisters mit den von Silvester übriggebliebenen Ballons und Luftschlangen zu schmücken. Davor hatte sie aber noch ein Meeting mit dem Hotelpersonal. Viel später als beabsichtigt und blau wie ein Schlumpf, kehrte sie in die Unterkunft zurück. Ich saß im Aufenthaltsraum vor meinem Laptop als sie neben mir auf die als Sitzfläche zurechtgemachten Betten krachte. Sekunden später schlief sie ein und grunzte wie ein kleines Ferkel, nur um kurz darauf wach zu werden und hochzuschrecken. Ich, der sich gerade in Löffelchenstellung dahinter positioniert hatte, schreckte ebenfalls hoch, tat aber wie die Unschuld vom Lande. Sie lallte, dass die Kellner versucht hätten, sie abzufüllen und fragte ständig warum. Hätte sie in den Spiegel geschaut und versucht wie ein Mann zu denken, dann hätte sie die Lösung erraten können.
Wir gingen los und dekorierten den Traktor an Spiegeln, Antenne und Schiebeschild, bis er aussah wie ein Geschenktisch zum Kindergeburtstag.

Der verantwortliche Animateur war ein paar Tage in Deutschland. An dem Tag seiner Rückkehr stopften wir eine Skihose und einen Pullover aus, setzten einem Ball eine Perücke auf und wollten alles in sein Bett legen. Es stellte sich nur die Frage, wie wir in sein Zimmer gelangen konnten. Als allerdings der Hausmeister mit seinem Partytraktor den Weg hochgerattert kam, fiel uns ein, dass er einen Generalschlüssel haben müsse. Er spielte mit, und so platzierten wir unsere selbstentworfene Puppe im Bett des abwesenden Kollegen. Als er ankam erzählten wir ihm, dass die neue Kollegin vorübergehend in seinem Bett schläft, da ihr Zimmer noch nicht fertig sei. Er, völlig übermüdet, akzeptierte etwas ferngesteuert die Umstände etwa einen halben Tag lang. Bevor er aus den Latschen kippte, klärten wir ihn auf und amüsierten uns köstlich, was er nicht so lustig fand. Am meisten störte ihn, dass wir einfach in sein Zimmer eingedrungen waren und regte sich noch den Rest der Saison darüber auf.

In den folgenden Tagen wurde mir bewusst, dass sich einiges geändert hatte.

Die Skilehrer durften nicht mehr zu uns in die Unterkunft kommen, und wir durften die Freizeit nicht mehr mit dem Hotelpersonal verbringen. Der Manager hatte seinen Kampf gegen die Windmühlen verschärft, er war noch paranoider geworden und fürchtete eine Revolte, wenn sich die einzelnen Zellen verbünden würden. Ohne Witz! Mit wem ich meine Freizeit verbringe, entscheide ich aber noch selber.

Wie in Portugal hatten wir auch Holländer im Hotel, die Kinderbetreuung anboten. Aber nur für Kinder unter vier Jahren. Glückwunsch!

Im Team gab es eine nette, aber wie sich später rausstellte, unfähige Teamchefin. Diese kam von der anderen Produktlinie, eine teurere Sparte des Reiseveranstalters, für die ich später im Sommer arbeiten sollte. Dazu kam ein übermotivierter verantwortlicher Animateur, also sowas wie ein Zweitchef, kurz davor, selber Chef zu werden. Weiter ging es mit einem 2,13 Meter großen Sportanimateur, der nicht Skifahren konnte. Ein Mädel im Kinderclub und ihr Freund, der das Team komplettierte.

Es wurde also höchste Eisenbahn, dass jemand auftauchte, der des Skifahrens mächtig war und diese Kunst des Wintersportes beherrschte, denn in diesem Team konnte dies niemand. Erschreckend, wenn man überlegt, dass das Hotel das einzige mit geführten Skitouren bei dem Reiseveranstalter war. Jeder aus meinem ersten Österreichteam hatte das Skifahren von der Pike auf gelernt. In meinem neuen Team war ich der einzige. Aber was macht man ohne einen Liftpass? Einen solchen hatte uns einst unser Zielgebietsbetreuer besorgt, aber der war aber nicht mehr da. Seine Stelle wurde von einem Typen besetzt, der nicht mal wusste, wie man Schnee schreibt.

Er wollte das Hotel von Deutschland aus regieren und führen wie eines der vielen anderen im Süden. Mit Spielrunden und solchen Sachen. Nur kehrt kein Gast, der ein halbes Jahr auf seinen Winterurlaub spart, eine Stunde vor Schließen der Lifte wegen einer Runde Mensch-ärgere-dich-nicht, ins Hotel zurück. Sie hätten sich nur geärgert. Eine Woche blieb ich also ohne meinen Liftpass, während es doch ein Jahr zuvor nur zwei Tage gedauert hatte, bis wir die Pisten runtersausen konnten. Ich fühlte mich wie ein Stammgast, dem jede kleine Veränderung auffiel. Jede Faser in mir sagte, dass es letztes Jahr besser war!

Nach Erhalt meines Liftpasses wurde ich von meiner Chefin gefragt, ob ich ein oder zwei Stunden mit einem Skilehrer nehmen wolle. Ich war der Ansicht, dass die Skilehrer auch ohne mich die Hänge runterkomme und verzichtete. So wenig wie ich über das Skifahren vergessen hatte, hatte meine Chefin nicht einmal darüber gelernt.

Es war ein tolles Gefühl, endlich wieder ein Paar Skistiefel im Wert von 250 Euro als meine Arbeitsschuhe bezeichnen zu können. Die sonst so schweren Skistiefel trugen mich, fast wie von alleine aus der Gondel Richtung Skihang. Ich spürte die kalte Luft meine Lunge füllen und das Kribbeln im Bauch vor der bevorstehenden ersten Abfahrt.

Dass ich in diesem Hotel mit vielen Stammgästen Erfahrung hatte, wollte das Team nicht wissen, es brachte nur mir was, egal, jeder ist sich selbst der Nächste!

Zuerst klapperte ich die wichtigen Stellen ab: Skischule, Skivermietung und die Kneipe der Aperskipartys. Überall wurde ich freundlich begrüßt und gefragt, ob noch mehr vom letzten Winter kommen würden. Das aktuelle Team sei eine Katastrophe, sie ließen sich nicht sehen und versuchten keinen Kontakt zu knüpfen. Mein Chef vom Jahr zuvor und auch der Rest vom Team hatten zu allen ein gutes Verhältnis, was mir meine Vorteile eintrug. Ich wurde nach wie vor mit

dem besseren Material versorgt und konnte auch jederzeit haben, was ich wollte. Ich durfte es nur den anderen nicht erzählen, was kein Problem für mich war!
Mit Skilehrerrabatt erstand ich einen Helm. Da diese aufgrund des Skiunglücks eines Politikers gerade im Kommen waren und immer teurer wurden, kam mir das sehr entgegen.

Süßer Wahnsinn

Ausnahmslos kannte ich, gleichgültig, wo ich gearbeitet hatte, schon vor der Einreise ins „Einsatzland“ Leute aus meinen Teams. Abgesehen von diesem Team nun. Das dachte ich zumindest, aber erstens kommt es anders und zweitens als man denkt.
Eigentlich begann die Geschichte im November zwei Jahre zuvor.

Früher schaute man sich Fotos oder „Schmuddelheftchen“ an, meine Generation bekommt Bilder von spärlich bekleideten jungen Damen im Internet zu sehen. Wie die meisten Kerle habe ich so was auch auf meinen Laptop und eines von diesen Bildern lud ich im besagten November aus dem Internet herunter.

Anfang meiner zweiten Woche im Hotel, wurde mitgeteilt, dass ein weiteres Teammitglied komme. Ein Mädel aus der Nähe von Essen für den Kinderclub. Mit Hilfe eines weitverbreiteten „sozialen Netzwerks“, bekamen meine beiden Kollegen, der große und der verantwortliche, schnell raus, wie die Neue aussehen würde. Sie verhielten sich wie kleine Kinder und versuchten, sich zu toppen, indem sie Handynummer und E-Mailadresse von ihr ausfindig machten. Ich hatte erst im Dezember meine Beziehung geschmissen und wollte nichts von alldem hören.

Zu Ende der zweiten Woche bekam ich einen leichten Rückfall meiner Erkältung und nahm wieder Medikamente. Es war ein Freitag als die Neue dann anrückte, wenige Minuten bevor ich vom Skifahren zurück war.

Ich pellte mich aus den Winterklamotten, als mir auffiel, dass meine Kollegen immer lauter wurden. Sie warfen mit dummen Sprüchen um sich, um die Aufmerksamkeit der gerade Angekommenen auf sich zu ziehen.

Ich lief vier Mal an ihrem Zimmer vorbei, ohne ein Wort zu ihr zu sagen. Nicht weil ich nachschauen wollte, wie sie aussehe, sondern weil ihr Zimmer zwischen meinem, der Toilette und dem Aufenthaltsraum mit dem Kühlschrank lag.

Wenig später ging es zur Siegerehrung zurück an die Talstation der Gondel. Ich stand mit meinem ungarischen Kumpel und einer jungen Skilehrerin aus London zusammen. Diese studierte in Wien und sprach daher deutsch mit österreichischer Färbung, beherrschte trotz alledem die deutsche Sprache besser als mancher Deutsche selbst. Wir zogen über meine Kollegen her, die sich nach wie vor wie Gorillas zur Brunft verhielten.

Ich steuerte die Technik und wurde dann urplötzlich mit Fragen seitens der neuen gelöchert.

Nach Ende des Abendprogramms bereiteten wir uns auf die Nacht vor. Es war schließlich Freitag, und wir wollten nach Bad Kleinkirchheim in die Disco. Ich schluckte noch eine Grippetablette und spülte sie mit Wodka-Energy runter. Eine tolle Mischung. Seitdem weiß ich, warum man Medikamente nicht mit Alkohol nehmen sollte.

Ich hob ab in den Himmel, ganz weit nach oben, alles war toll. Auf dem Boden vor unserem Kühlschrank sitzend, das Glas in der Hand, beobachtete ich das scheinbar in Zeitlupe passierende Geschehen um mich herum. Unsere neue Kollegin führte ihren gesamten Kleiderschrank vor, um zu zeigen, was sie dabei hatte. Im Nachhinein wurde mir erzählt, dass sie nur zwei Mal die Schuhe gewechselt hatte. Egal, ich hatte das Gefühl, sie tue das nur für mich allein. Unser Taxi kam mir vor wie eine Luftbahn, die am Sternenzelt durch die Nacht schwebte, der Mond leuchtete nur für mich und alle Probleme lagen in weiter Ferne.
In der Disco erwischte ich mich ständig dabei, wie ich der Neuen beim Tanzen zusah. Dieses Mädchen war der Hammer, 58 Kilogramm pure Erotik und ihre Kurven schienen im Discolicht zu glühen.

Natürlich bekam sie das mit und nagelte mir wieder ein Gespräch ans Bein. Ich fragte sie, ob sie was trinken wolle und ärgerte mich im selben Augenblick darüber, was für eine schlechte Anmache! Warum um alles in der Welt fragte ich sie das, ich hatte doch „eigentlich" gar kein Interesse an ihr!

Sie trank keinen Alkohol, also war Abfüllen keine Option, und schon wieder erwischte ich mich dabei, Pläne zu schmieden, um sie abzuschleppen.

Auch der folgende Tag auf der Skipiste mit dem Ungarn und der Londonerin brachte mich nicht wirklich auf andere Gedanken. Zugegeben: Ich hatte mich in sie verguckt, ich war verknallt, verschossen und hatte mich zudem auch noch verliebt, so wie das nur Männer können. Ich meine damit, dass ich nicht ernsthaft etwas Tiefgründiges für sie empfand, glaubte aber, dass dem so sei. Ich war der felsenfesten Überzeugung, die Richtige für mich vor mir zu haben, sie sofort haben zu müssen und nie wieder eine andere angucken zu wollen. Das passiert, wenn bei einem geschlechtsreifen Mann plötzlich die Leistengegend das Denken übernimmt und alles andere an Bedeutung verliert. Ich ließ mich von ihrem Aussehen blenden und hatte nur noch eins im Kopf – und das so ziemlich immer wenn ich sie sah. Sich aus dem Weg zu gehen ist ja sehr schwer in diesem Beruf. Ich kannte diese Situationen schon von früheren Begegnungen mit der weiblichen Art und wusste, dass den Jumbojets in meinem Bauch nach spätestens einer Woche der Sprit ausgehen und ich wieder klar denken können würde. Allerdings tankte sie die Jumbos kräftig nach.

Um es kurz zu machen, wir neckten uns wie zwei verknallte Teenager, die beide das selbe wollen, aber keiner so recht den Anfang wagte. Abends endlose Gespräche über Liebe, Tod und Teufel. Das heißt sie quatschte, während ich versuchte, nicht zu sabbern, trug sie sich doch lediglich nur eine Hotpants und ein Top.

Etwa drei Tage ging dieses Hin und Her, bis es dann doch irgendwie dazu kam, ich ihr meine Liebe gestand. Schwuppdiwupp, ohne zu überlegen waren wir zusammen, dies nach nur drei Tagen und auch nur drei Wochen nachdem ich mit der blonden Studentin aus dem Vorwinter Schluss gemacht hatte.

Die beiden Skilehrer lachten herzlich über meine anfangs große Klappe und über meine jetzige Hingabe an dem, was sich nun seit mehreren Nächten an mich kuschelte.

Um noch mal darauf zurückzukommen: „Sich zu verknallen wie es nur Männer können". Dazu möchte ich sagen, dass die Welt sich bis dahin um mich gedreht hatte. Ich hatte ja nicht so wenig Erfahrung, so dass mich diese schwarzhaarige Rakete eigentlich nicht hätte aus der Bahn werfen dürfen, aber mit eigentlich beginnt die Lüge. Wäre ich 50 Jahre alt, hätte man es als Midlifecrisis bezeichnen können, dass ich meine Vorsätze ihretwegen über den Haufen warf und anstatt mich, wie so oft versprochen, abends mit dem Ungarn auf ein Bier in einer Kneipe zu treffen, mit ihr Filmchen auf meinem Laptop schaute. Ich vernachlässigte quasi mein eigentliches Leben, und tat Sachen die mich weniger interessierten. Selbst den Kinderclub, um den ich sonst einen großen Bogen gemacht habe, besuchte ich nun regelmäßig, um sie zu sehen. Auch, dass ich manchmal das Gefühl hatte, nicht das darzustellen, was sie wirklich wollte, sondern nur das Beste was greifbar war, hielt mich genausowenig davon ab, ihr wie ein Dackel hinterherzutrotten, wie die Tatsache, dass sie unsere gemeinsame Zeit gestaltete wie sie es wollte, ohne mich zu fragen. Langsam aber immer bestimmter zog der ganze Spaß, den wir ein Jahr zuvor abseits der Animation hatten, an mir vorbei und es gab nur noch sie.

Anfangs dieses Kapitels hatte ich erwähnt, dass ich nicht erwartete, jemanden aus diesem Team aus früheren Zeiten zu kennen, und das alles mit Bildern aus dem Internet anfing.

Beim Durchstöbern meiner „Schmuddelbildchen" fand ich eins mit einer leicht bekleideten jungen Frau, die mir bekannt vorkam. Irgendwie hatte sie Ähnlichkeit mit meiner neuen Freundin und so sehr ich auch nach Unterschieden suchte, die bewiesen, dass sie es nicht sei, fand ich keine. Am Abend nach unserer Show sprach ich sie darau an, worauf sie gestand, mal als Fotomodel tätig gewesen zu sein und diese zu ihren ersten Aufnahmen gehörten, nach dem Motto „Der Weg hinauf führt durch den Dreck", sie danach aber nur noch bekleidet zu sehen gewesen sei. Außer in der Zeitung, die laut einer Berliner Rockband nur aus Angst, Hass, Titten und dem Wetterbericht besteht, der „Bild", hat sie ganz Deutschland auch ohne Internet nackt gesehen. Gott sei dank hatte ich nicht so viel Zeit darüber nachzudenken, denn schon ein paar Tage später stand mein Fitnessseminar auf dem Programm.

Pump dich auf

Ende Januar war es soweit, ich flog auf mein Fitnessseminar. Ein Dreivierteljahr vorher hatte ich mich beworben, und nun ging es los. Ich hatte meiner Chefin mindestens zehn Mal gesagt, dass ich Ende Januar nach Deutschland flöge, aber sie hat jedes Mal vergessen. Nun war wieder keiner da, der mit den Gästen auf die Piste gehen konnte, denn meine beiden Kollegen waren in ihren Skikursen noch nicht so weit gekommen.

Ich wurde vom sogenannten „Kärntentransfer“ gefahren und erwartete einen Kleinbus oder so etwas. Was mich abholte war aber das ganze Gegenteil. Eine dunkle Limousine rollte auf den Parkplatz, an den Actionfilm „The Transporter“ erinnernd. Ein Kerl stieg aus, gut und gerne 1,90 Meter groß und breit wie ein Schrank. Er lud meine Tasche ein und ich nahm auf dem Beifahrersitz Platz. Wir kamen ins Gespräch über das Auto, an einer Ampel ließ er den Motor aufheulen, dann sah er mich an und sagte in osteuropäischen Akzent: „Wagen ist Rakete“ und gab Gas. Das Flugzeug, das mich nach Hamburg flog, hatte keine bessere Beschleunigung und war auch weniger bequem. Der Flieger war nicht ganz in der Luft, als er auch schon wieder zur Landung in Hamburg aufsetzte.

Vom Hamburger Bahnhof rief ich erstmal meine beste Freundin an und berichtete ihr, auf welche Weise ich meine Freundin kennengelernt hatte. Ich hatte versprochen, es niemandem aus unserem Team zu verraten, dass sie Fotomodel tätig gewesen war. Aber meine beste Freundin gehörte ja nicht zum Team, genausowenig wie mein Kumpel der Skilehrer. Sie lachte mich erst mal aus und mein damals bester Freund beneidete mich, dass ich mit so einer zusammen war.

Alles in allem verlief meine Reise ruhig, bis auf die Tatsache, dass auf der Einladung ein falscher Treffpunkt stand. Ich wurschtelte mich durch und erreichte doch noch die für uns Teilnehmer gemietete Unterkunft. Die meisten der anderen Animateure waren schon drei Tage vorher angekommen, um eine Entspannungsmethode zu erlernen. Ich rief meine Freundin in Österreich an, um ihr meine Ankunft zu vermelden und ein paar nette Worte zu wechseln. Sie aber fühlte sich beim Abendessen gestört und bat mich, eine halbe Stunde später zurückzurufen, was ich tat. So viel zum Thema verknallt, verballert und dass sie bestimmte, wo es lang ging.

Am nächsten Morgen betraten wir genau das Gebäude und genau denselben Raum, in dem ich ganz zu Anfang den Job Day hatte. Wieder wurde mir bestätigt, dass die Welt klein sei, denn auch eine meiner Kolleginnen aus Bulgarien nahm an dem Spaß teil.

Da ich keine Ahnung von Cardio und Aerobic hatte, erwartete ich Schwierigkeiten.

Als die Fitnesschefin des Reiseveranstalters allerdings fragte, wer damit auskenne, gingen nur drei oder vier Hände hoch. Ich war also nicht der einzige, der nicht wusste, was er tat.

Von unserer Firma waren es neun Mädels und drei Kerle. Es ging sofort zur Sache. Nach dem ersten Tag, gab schon der erste meiner männlichen Kollegen auf.

Über Nacht bekamen wir eine Art Hausaufgabe. Wir sollten eine Choreographie von einer DVD einüben und nächstentags zeigen. Mein anderer Kollege und ich teilten uns ein Zimmer und so bekamen wir beide eine Übung für die Beine auf und zappelten bis in die Nacht herum.

Am nächsten Morgen gaben wir unsere Übungen zum Besten. Wir teilten die Gruppe in zwei Teile, der andere stand mit dem Rücken zu mir, die Gruppenteile uns gegenüber. Während der Übung hörte ich plötzlich, wie hinter mir jemand zusammenbrach und auf dem Boden aufschlägt. Ich führte die Trainingseinheit zu Ende und machte mich kundig. Mein 30-jähriger Kollege, der vorher noch nie ein Gewicht gesehen hatte, hatte sich überanstrengt, erlitt einen Kreislaufzusammenbruch und musste zwei Tage lang ins Krankenhaus. Damit war ich der einzige Kerl von unserer Firma, der den Kurs fortsetzte. Von den Mädels fiel keine aus. Vom zweiten zum dritten Tag bekamen wir wieder eine Übung über Nacht auf. Diesmal erwischten mich die Rückenmuskeln. Eigentlich wollte ich mich in Hannover auch mit meinem Exchef aus meiner ersten Österreichsaison treffen, aber der Herr hatte Besseres zu tun.

Partnerübungen tat ich mit der meiner Meinung nach Fähigsten der Runde. Sie schien die meiste Ahnung zu haben und war kompetent. Wir wussten da noch nicht, dass sie ein halbes Jahr später meine Chefin auf Kreta würde.

Ich bin bestimmt nicht untrainiert, aber diese drei Tage machten mich fertig. Jeder Muskel in meinem Körper war schmerzlich zu fühlen.

Nach drei Tagen flog ich fix und fertig zurück nach Österreich.

Wegen meiner neuen Fitnesskenntnisse musste ich mich entscheiden, ob ich der Produktlinie treu bleibe, in der ich seit mittlerweile drei Jahren arbeitete, oder ob ich in eine andere wechsele, wo ich meine Kurse machen konnte. Ich entschied mich zu wechseln und gab als Wunschziel Kos und die Balearen an. Als der Einsatzbefehl kam, sollte ich nach Menorca fliegen. Als ich die Balearen angegeben hatte, war an Mallorca oder Ibiza gedacht, aber und keineswegs an die Buggyinsel.

Sie waren einfach weg

Ein paar Dinge wiederholten sich aus der ersten Österreichsaison. Zum Beispiel kamen in diesem Winter Anfang Februar auch wieder die Kroaten. Ein wenig schläfriger als im Jahr zuvor, aber dennoch voll ausgerüstet. Auch dieses Mal war eine Woche danach der untere Teil der Anlage wegen Gästemangels leer und die Heizungen waren abgestellt. Meine Chefin beging den Fehler zu sagen, dass wir bei leerer Anlage nackt Schneeengel machen können, ich machte einen, nackt.

Eine Sache die sich mehr als alles andere wiederholte, waren die Stammgäste des Hotels und so geschah es, dass eine Gruppe, mit der wir schon im Vorjahr viel Spaß gehabt hatten, geschlossen wieder auftauchte.

Wir waren an diesem Tag etwa zehn Leute und alle Altersgruppen und Fahrweisen waren vertreten. Warum ich an diesem Tag mit der Skigruppe alleine war, weiß ich nicht mehr. Wie jedes Mal legte ich den etwas unsicheren Skiläufern ans Herz, die rote Piste und nicht die Weltcupabfahrt zu nehmen. Ein Achtzehnjähriger und ich ließen dem Rest etwas Vorsprung, wollten wir ja die Rennstrecke im Renntempo, naja zumindest etwas schneller als die anderen, zurücklegen. Unten angekommen bemerkten wir, dass sein vierzehnjähriger Bruder und eine Neunzehnjährige fehlen. Wir warteten einige Minuten, sie kamen und kamen nicht, waren einfach weg. Mir lief es kalt den Rücken runter, ich hatte ein „Kind" verloren. Gott sei Dank waren seine Eltern ebenso dabei und beruhigten mich damit, dass er auf sich selber aufpassen könne. Als ich einen kontrollierenden Blick auf den Hang warf, sah ich aus dem Augenwinkel, dass sich einer der Männer etwas zu trinken holte und der Rest ebenfalls die Ski von den Füßen löste. Was nun, fragte ich mich, losfahren und suchen oder warten und hoffen, dass die beiden unten ankämen? Wenn man so wie ich, meist eine andere Meinung als der Chef über richtige und falsche Entscheidungen hat, ist es gleichgültig, was man tut, es ist immer falsch. Der Achtzehnjährige und ich stürmten zur Gondel und sausen nochmals auf den Berg, denn irgendwo mussten sie ja stecken. Ich ärgerte mich über die Beiden, da sie die Strecke schon kannten und die Talstation als Treffpunkt ausgemacht gewesen war. Auf dem Zielhang der Rennstrecke waren zwei Absätze, Köpfe oder Kamelbuckel, wie man so was auf einer Abfahrtsstrecke nennt. Ohne zu bremsen nahm ich den ersten und bereute meinen Entschluss im selben Bruchteil der Sekunde. Ich war lange genug in der Luft, um zu merken, dass es gleich wehtun würde, was passieren könnte, wenn ich mir was bräche und wie ich dann runter kommen sollte. Bei der Landund und spürte ich, wie meine Wirbelsäule und meine Beine zusammengestaucht wurden. Hingefallen bin ich nicht, aber ich tat dies nie wieder.

Unten angekommen, hockten die beiden Vermissten zusammen mit den anderen an einer der Bierzeltgarnituren vor einem Glasiglu. Sie waren erst kurz nach unserem Aufbruch unten angekommen, das sie die falsche Piste genommen und sich verfahren hatten. Sogar ein Wasserfall hatte mehr Orientierung als die beiden, für den geht es im Zweifel immer abwärts und nicht irgendwo nach rechts oder links.

Mich hat diese Spritztour nicht gestört, da wir beide da mal richtig die Sau rauslassen konnten und nicht auf Nachzügler hatten warten müssen.

Humor ist, wenn man trotzdem lacht

Mein 2,13-Meter-Kollege machte sich etwas unbeliebt bei unserer Chefin, erledigte nur noch, was er wollte und tauchte auch einmal zur Show einfach nicht auf. Er hatte es nicht nötig, da er wohl durch seine Größe mal ein recht gefragter Basketballer gewesen war und sich so ein finanzielles Polster geschaffen hatte. Aber auch unsere Chefin machte hier und da ein paar Unwissenheitsfehler. Sie wusste zum Beispiel nicht, dass betagtere Gäste in Kurorten wie Sankt Oswald lieber etwas Stimmungsmusik hören, als Berliner Hiphop. Der Wirt unserer Apreski-Kneipe übernahm ab Mitte der Saison lieber selber das Musikmachen bei unseren Apreskipartys, um seine Gäste zu halten.
Mein mittlerweile recht gutes Gespür in punkto Frauen warnte mich vor etwas, was ich allerdings noch nicht sah. Am Freitagabend in der Disco wollte sich erst ein polnischer Hilfskellner aus unserem Hotel mit mir prügeln, dann hatte ich noch eine Meinungsverschiedenheit mit meiner Freundin, die ich bis heute nicht nachvollziehen kann. Mit meinem Kollegen aus dem Kinderclub verließ ich die Disco, ich war so sauer, dass ich ihm am selben Abend noch die Bilder meiner Freundin unter die Nase hielt, bat ihn allerdings auch, es für sich zu behalten.

Am nächsten Morgen hatte ich einen Kopf, so groß wie ein wettbewerbsfähiger Kürbis. Der Inhalt musste auch in etwa derselbe sein, so wie ich mich habe veräppeln lassen.

Es war gegen sechzehn Uhr als meine Freundin zu mir ins Zimmer stürzte und unter Tränen mit mir Schluss machte. „So fühlt sich so was also an", dachte ich. Das war das erste Mal für mich, dass mich eine abservierte. So mussten sich auch die ganzen Mädels, die etwas für mich empfunden hatten, fühlen. Ich riss mich zusammen und dachte mir: „heul doch", es ist ja deine Idee, Schluss zu machen. Gesagt habe ich, dass es OK sei, und wenn sie es nicht getan hätte, dann wäre ich es zu Ende der Saison gewesen. Als sie den Raum verließ, löschte ich sofort alle Bilder von ihr, die sie mir aus ihrer Modelzeit gegeben hatte. Und so stand ich nach etwa acht Wochen Österreich genauso da, wie vorher. Einen handelsüblichen ungarischen Skilehrer als Kumpel, viel Schnee, Freundin keine, nächste Saison ungewiss.

Gegen Abend machten mein Kollege, mein Kumpel und ich einen Abstecher in unsere Fackeltourkneipe. Angeblich soll ich an diesem Abend noch mit nacktem Popo in den Schnee gesprungen sein, aber das weiß ich nicht mehr. Um so besser aber, wen ich anrief, um mein Herz auszuschütten, meine beste Freundin aus Dresden nämlich. Sie war gerade beim Abendessen mit ihrem Boss in Portugal und fand nicht wirklich tröstende Worte für mich. Sie war der Meinung, dass ich selber schuld sei, womit sie Recht hatte.

Bei den Mittagsproben einen Tag später stand meine Ex in knallenger schwarzer Hose und ihrem schwarzen Top, als sei nichts gewesen, auf der Bühne. Wir hatten die Hauptrollen und damit auch Kommunikation und Blickkontakte, ich wäre am liebsten abgehauen. Während der Show sollte sie mir auf die Schläfe küssen, sie küsste mich auf den Mund. Der Ort für den ehrlichsten Kuss ist bestimmt nicht auf einer Showbühne, aber ich hatte das Gefühl, es wäre der ehrlichste den sie mir je gegeben hatte.

Nach Feierabend tauchten noch zwei andere Leute in unserer WG auf, die Tür meiner Ex ging einmal zu viel auf und zu.

Kurz darauf hörte ich ein mir nur zu gut bekannte Geräusche aus dem Nebenzimmer, ein quietschendes Bett und Stöhnen. Mir wurde langsam klar, dass sie nur mit mir Schluss gemacht hatte, um sich einen anderen zu angeln. Ich wusste auch ganz genau, wer da gerade steckte, der Kellner nämlich, der sich in seinem Suff drei Abende zuvor mit mir hatte anlegen wollte.

Überraschend gut gelaunt stand ich am nächsten Morgen auf und ging zum Meeting. Wenn ich meine Ex nicht ansah, spürte ich ihre Blicke auf mir. Als ich zu ihr rübersah, sah ich etwas nassblitzendes in ihren Augen. Ihr ganzes Gesicht, ja sogar ihre Körperhaltung zeigten eine deutliche Sprache. Sie bereute, was sie mit dem Hilfskellner angestellt hatte. Das musste wehtun.

Mit Absicht ließ ich meinen Helm in meinem Zimmer. Der Rest des Teams rückte aus, um die Kinder zur Skischule zu begleiten. Ich ging los, um meinen Helm zu holen und munitionierte meine Jacke mit Bierdosen. Bevor sich der erste Gast zum Pistentreff sehen ließ, war ich auf und davon, mit der Gondel unterwegs zur Brunnachbergstation. Ich steckte mir die Hörer meines Mp3 Players in die Ohren und fuhr los. An einem der roten Sofas ließ ich mich nieder, setzte meinen Helm ab und genoss das schöne Wetter mit Dosenbier. Es war Mittag als ich zurück in die Skischule fuhr, an der mich schon mein Kollege panisch empfing. Ich müsse mit meiner Ex reden, sie sei völlig am Ende, und ob ich mein Handy nicht gehört habe. Ich sah nach und stellte fest, dass sie 24 Mal versucht hatte, mich zu erreichen.

Als ich ihr gegenüber stand, sah ich große Erleichterung. Im Treppenhaus des Gebäudes brach sie weinend auf Holzscheiten, die unter eine Treppe gestapelt waren, zusammen und gab ein recht jämmerliches Bild ab. Es tue ihr alles so leid und ob ich ihr verzeihen könne. Sie fragte auch, ob ich etwas mitbekommen hätte in der letzten Nacht. Als sie mich dann noch fragte, ob ich wisse, mit wem sie geschlafen habe, musste ich lachen. Humor ist wenn man trotzdem lacht. Sie hockte wie ein Häufchen Elend auf dem Holzstapel, und ich lachte sie aus.

Jedoch hatten sich meine Gefühle in den letzten anderthalb Tagen nicht geändert. In ihrem Tun, spiegelte sich mein Tun, ich hatte es verdient auch mal so behandelt zu werden. Auch wenn ich angefressen war, hatte ich sie doch gerne, Fehler sind da, um gemacht zu werden.

OK, ich gebe zu, nach wie vor war ich verballert, total bescheuert und vernagelt, Liebe macht doof und blind.

Abends landete sie wieder in meinem Bett, da sie in ihrem eigenen nicht mehr schlafen wollte. Ihre Hand bahnte sich wieder den gewohnten Weg in Richtung

Leistengegend. Einen Moment lang vergaß ich ihr ganzes Entschuldigungsgetue und fragte mich, ob sie in der Zwischenzeit überhaupt einmal geduscht habe. Ich brach die Sache ab und löschte das Licht.

Schämen die sich nicht?

Im Februar war wieder Skifasching. Ab 14 Uhr sollte zwei Stunden lang Kinderprogramm sein und Schminken, Schlittenfahren u.ä. standen auf der Liste. Zu Ende des Kinderprogramms, so gegen 15.30 Uhr sollte eine Kinderdisco die Sache abrunden und beenden. Das geschah aber aus unbekanntem Grund nicht. Als laut Plan das erwartete Erwachsenenprogramm starten sollte, fing meine Teamchefin mit meiner Ex und wieder Freundin an, Kinderlieder zu spielen und dazu zu tanzen. Der Wirt unserer Apreskikneipe war außer sich vor Wut, denn er konnte unsere Chefin ohnehin nicht leiden.
„Ja schämen Sie sich nicht, diese Musik vertreibt mir die Gäste“, sagte er und hatte Recht. Wiederum vertrieb unsere Chefin mit ihrer falschen Musik am falschen Ort zur falschen Zeit die Touristen. Wie peinlich für den Rest des Teams und meine Freundin mitten drin. Da war für mich Fremdschämen angesagt. Der Rest versuchte zu retten, was zu retten war und machte das Beste aus dem Tag.

Meine Freundin flog wenige Tage darauf nach Deutschland auf ein Seminar und kurz vor ihr unsere Chefin, die nach einer Woche aber zurückkehrte. Die beiden waren noch nicht ganz weg, da planten wir schon eine Grillparty. Auch als Willkommen für unsere neuen Holländerinnen, zwei Blondinen, eine 26 die andere 19. Wir schmierten es unserer Chefin daumendick aufs Brot, dass wir in ihrer Abwesenheit Grillen würden.

Das Schöne, wenn man einen guten Kumpel in der Nähe mit einem Auto hat, ist es, sich den Mietwagen ersparen zu können. An den verbleibenden freien Tagen zuckelten wir nun durch die Gegend. Zum Saisonausverkauf eines Sportgeschäftes oder einfach, um uns diverse Teile Kärntens anzusehen.
Eines Abend kurvten wir dann zu viert einfach mal aufs Geratewohl los, wobei mir erst mal wieder klar wurde, dass ich auch mit den anderen Spaß haben konnte. Von Sankt Oswald nach Villach und dann weiter nach Spital ging die Fahrt. Keine noch so bergige Holperstraße war vor uns sicher, und ich fühlte mich seltsam befreit. Es war ein ganz normaler Männerabend mit Unsinnreden, in Kneipenzügen und dem Hinterherstaunen angesichts wohlgeformter weiblicher Heckpartien.

Auch mein Kollege aus dem Kinderclub befreite sich ebenso, ohne dass ich es so richtig mitbekam. Mit seiner Freundin war Feierabend, und er fing etwas mit der Chefin des holländischen Teams an, mit der er nun in Amsterdam wohnt.

In den letzten drei Wochen wuchs das Team zusammen, bis auf die Chefin und die Ex meines anderen Kollegen. Die beiden sonderten sich ab.

In meiner letzten Woche wurde kreuz und quer im Team umhergeschlafen, nur ich war der Solist in unserem Knabenchor.
Ich war durchaus geneigt, etwas anzustellen, jedoch hätte mich die holländische Chefin, die sich nach wie vor mit meiner Flamme verstand, verraten. Im Falle, dass sie es unterlassen hätte, wäre es unser Außenseiterduo gewesen, also blieb nur Abstinenz. Ab und zu startete ich einen Versuch eines der Liftmädels mal irgendwo hin einzuladen. Aber in einem überfüllten Mehrbettzimmer zwischen einer Bande Skilehrer und Liftlern wollte ich auch nicht enden. Ich gab mich geschlagen. Ich hatte es die ganze Zeit nicht anders gemacht, jetzt wusste ich, wie man sich an dieser Stelle fühlt.

Nachdem wir gegen Ende der Saison den freien W-Lahn Zugang an der Lobby einmal so richtig ausnutzten indem wir dutzende Lieder und ein paar Filme runter luden, hatte das Hotel in einem Monat eine Rechnung von fast eintausend Euro. Natürlich war es in diesem Moment keiner von uns, ab da mussten wir unsere Internetgänge allerdings bezahlen. Mich interessierte das nicht, ich war schon dabei meine Koffer zu packen.

Eine Woche vor der Ausreiste kamen noch zwei Leute zur Verstärkung. Ein echt netter Kerl und ein Mädel, das wir liebevoll Miss „MT" nannten, Miss „Monstertitte„, ungelogen! Sie war früher mal Fotomodel, „wie selten", dachte ich mir, suchte aber vergeblich auf meinem Laptop.

Unsere Anikasse wurde an meinem letzten Abend in einer Bowlingbahn auf den Kopf gehauen. Ich schickte zwei von drei meiner Taschen per Post zu mir nach Hause, da ich mit dem Flieger ausreiste und nur Linie flog, also nur zwanzig Kilo Gepäck mit führen durfte.
Am Freitag, dem 13. März trat ich die Reise nach Deutschland an, auch ich sollte noch ein Seminar besuchen, bevor meine letzte Saison starten würde.

Was man alles erleben kann

Im folgenden Kapitel eine Sammlung von Vorkommnissen, manche nach Hörensagen, so dass ich daher nicht bei allen die Hand dafür ins Feuer legen kann, ob sie sich wirklich wie dargestellt zugetragen hatten. Hier die kuriosesten zusammengefasst:
Ein Kollege nahm von einer Discotour einen kleinen Hund mit, den er in seiner Benebeltheit einfach mit in den Bus gesteckt hatte. Nachdem er Futter und eine Leine gekauft hatte, setzte er ihn wieder aus. Eine Kollegin rannte bei einer Comedyshow von der Bühne, rutschte aus und prallte mit dem Kopf auf eine Stuhllehne. Sie zertrümmerte sich die Augenhöhle und musste zur Behandlung nach Deutschland zurück. Beim Kinderdienst tackerte ein Animateur das einzige Kind an eine Wand, damit es nicht wegkonnte. Er selber ging zu seiner Freundin ins Nachbarhotel. Ein anderer band Kinder auf ein Skateboard und ließ sie durch ge-

stapelte Kartons fahren. Beide erhielten Kinderclubverbot, blieben der Firma aber erhalten. Ich ließ Kinder einmal auf einem Spielplatz nach Wasser graben. weil ich keine Lust hatte. Sie waren fast zwei Stunden beschäftigt. Eine meiner Chefinnen erzählte mir, dass sie erlebte, wie Eltern ihr Kind im Hotel vergassen, als sie zum Flughafen fuhren. Ein Teamchef hat beim Abendessen einem recht nervigen Jungen eine Peperoni gegeben. Dieser fing an nach Luft zu schnappen und trank etwas, was alles noch schlimmer machte. Eine Kollegin erzählte einem etwas frechen Gör was mit ihm passieren würde, wenn es nicht höre. Was genau, weiß keiner, allerdings pinkelte es drei Nächte lang vor Angst ins Bett. Andere Animateurinnen erzähltem einem Mädchen, dass Eier im Sand wachsen. Sie besorgten auch beim Frühstück ein paar, vergruben sie auf dem Volleyballfeld und ließen das Kind suchen. Eine Kollegin löste betrunken, dennoch absichtlich den Feueralarm aus, rannte dann davon und versteckte sich zwischen ein paar Booten. Einer meiner Chefs lehnte sich bei einer Show gegen die Rückwand der Bühne, riss dabei die Tackernadeln raus und wurde unter dem Dekoplakat begraben. Bei einem choreografierten Kampftanz knockte ein Kollege einen anderen aus, weil dieser sich nicht rechtzeitig duckte. Ich selbst schlug bei einem normalen Tanz meine Chefin tanzunfähig. Genau genommen zwei Chefinnen, in zwei Ländern, aber in einer Saison. Ein hauseigener Chef war über die vielen Tanzfehler seiner Choreografin so sauer, dass er sich nach der Show vor lauter Wut übergeben musste. Ein Chef führte die Shows des Reiseveranstalters gegen Geld in einem Nachbarhotel durch und wurde entlassen. Bei einer Spielshow hatte ich einen Teenie als Assistenten. Sie bekam alles erklärt, dennoch ging einiges schief. Ich moderierte mit einem Headset. Das vergaß ich als ich mich hinter der Bühne negativ über sie äußerte. Es ertönte über die Lautsprecher und jeder hörte es. Ich wurde einmal von einem männlichen Gast bis zu meinem Zimmer verfolgt. Er wollte wissen, ob er die Nacht bei mir verbringen dürfe. Eine Animateurin erwischte ihren Kollegen mit einem anderen Mann in der Sauna beim Spaßhaben. Mein Chef wurde nachts von einer Kollegin heimgesucht, die über den Balkon einstieg und ihn in Angst und Schrecken versetzte. Sie ging duschen und wollte dann zu ihm ins Bett. Bei einer Vulkanwanderung bekam ein Gast einen Herzinfarkt. Es dauerte drei Stunden durch das schlecht zugängliche Gelände, um ihn abholen zu lassen.

In der Türkei, in Ägypten und in Tunesien haben die Animateure immer private Kleidung dabei. Bei Polizeikontrollen müssen sie sich als Gäste tarnen, da die Anitätigkeit dort als Schwarzarbeit zählt. Das ist in vielen Ländern so, nur kann man sich lustigere Zeitvertreibe vorstellen, als in einem Land mit der Justiz verstecken zu spielen, das Jugendliche für Dummheiten mehrere Monate ins Gefängnis steckt oder Väter, deren Kinder Steine mit nach Hause nehmen. Auch von zwei Teamchefs habe ich gehört, denen nach einem falschen Wort mit einer Pistole unter der Nase herumgefuchtelt wurde. Eine Zielgebietsbetreuerin berichtete mir von einem Messer an ihrer Kehle. Aber auch in Italien kann man was erleben. Ein Kolleg erhielt vom Hotelpersonal Morddrohungen, bis er schließlich entnervt aufgab und das Land verließ. Ein anderer bekam Polizeischutz, weil er sich mit dem Chef einer Gang angelegt hatte. Mir wurde Drogenkonsum vorgeworfen, da ich nach einer Show mit halb abgewaschener Schminke in die Disco ging. Ein farbenblinder Animateur richtete sich seine Schminkpalette nach den darunter stehenden Nummern ein. Ein paar gewitzte Kollegen tauschten diese aus. Ohne noch einmal nachzusehen, schminkte er sich für eine düstere Show im Papageienlook, ohne es zu wissen.

Seminar Teil II

Ganz alte Hasen

Ich landete in Köln und wurde von meiner Freundin abgeholt, die mich zum Seminar fahren und nach einer Woche wieder abholen wollte.
Als erstes begrüßte ich meine alten Bekannten, Leute aus vorherigen Saisons wie Bulgarien und dem Skiopening.

Dann ging es zu einem Test, wie drei Jahre zuvor, ich hatte meine Einladung per E-Mail bekommen mit Unterlagen, mit denen wir uns auf den Test vorbereiten sollten. Da wir nach unserer überteuerten Internetrechnung in Österreich dafür zahlen mussten, sah ich nicht ein, meine dienstlichen Mails abzurufen. Also hatte ich keine blassen Schimmer von dem, was in dem Test abgefragt werden würde. Alles in allem schrieb ich, was ich für richtig hielt und rutschte gerade so durch.
Als nächstes stand das Anprobieren der Teamkleidung an. Mit meinen Zimmergenossen betrat ich die Kleidungsausgabe. Ich hatte einen „Laberflash“. Ich redete ohne Punkt und Komma mit allen und jeden der mir begegnete, ich unterhielt die komplette Kleiderausgabe. Meine neuen Kollegen waren nicht stumm, aber ich musste ja den Unterschied zwischen alten und neuen Animateuren zeigen. Hinter einen Tresen zogen sich gerade zwei Damen um, ich sprach auch diese an. Die eine fuhr überrascht hoch, oben herum nur im BH bekleidet, sah sie mich mit ihren wasserblauen Augen an. Blonde lange Haare bedeckten einen Teil ihres Gesichts und auch, wenn sie kein Wort gesagt hätte, hätte sie ihre Herkunft nicht leugnen können. Sie antwortete mit tiefbayrischem Dialekt.
Im Gespräch bemerkte ich, dass sie in das Hotel kam, in welchem ich im Sommer vorher gewesen war. Sie war froh, jemanden gefunden zu haben, der ihr erzählte, wie schön das Hotel in Portugal sei. Wäre es um sie gegangen, sie wäre lieber in die etwas teurer Sparte des Reiseveranstalters, in die ich nun dank meiner Fitnesskenntnisse kam, tätig gewesen.

Wir waren in der vierten von vier Seminarwochen, die ersten beiden Wochen waren für neue Animateure, Teamleiter und Kinderbetreuer bestimmt. In diesen beiden Wochen war auch meine Freundin. Die dritte Woche war den Fitnessleuten zum Erwerb der Fitness B-Lizenz vorbehalten, unsere Woche nur den Sport und Fitnessanimateure, und das war auch gut so.
Es ging zur allgemeinen Begrüßung wieder in den Saal. Wir nahmen Platz und genau der Regionalleiter, mit dem ich nach Österreich aufs Skiopening gefahren war, stand oben auf der Bühne. Er sagte in seiner Einführung u.a., dass er viele

neue Gesichter sehe, auch ein paar Leute von der vorherigen Fitnesswoche, sowie auch ein paar ganz alte Hasen, wobei er meinen Namen nannte und darauf in wies, dass ich in der zweiten Reihe sitzen würde. Das brachte einige Leute neben mir zum Kichern, wobei die Bayerin ironisch meinte, dass ich ja schon eine wahre Berühmtheit unter den Animateuren sei.

Nach einer Pause ging es mit Tanzproben weiter, wir lernten ganze drei Tänze in der einen Woche. Drei Tänze, die ich schon konnte und jeden davon, unzählige Male auf einer Bühne getanzt hatte. Bei meinem ersten Seminar zu Karrierebeginn hatten wir acht Tänze erlernt. Abends gab´s wieder ein „Get together“, das bei gerade mal 40 Leuten etwas unspektakulär war, zum ich ein Viertel der Anwesenden schon kannte. Mittlerweile kannten alle schon ihr Zielgebiet. Drei Jahre vorher wurde die ganze Woche ein Geheimnis daraus gemacht. Jetzt konnten es sich alle überlegen, ob sie wirklich dahin wollen oder ob sie es gar nicht erst versuchen. Ich schwatzte hier, fragte da und lernte eine Fitnessanimateurin kennen, die mit mir nach Menorca kam und die gleichzeitig die Freundin vom Teamchef war. Die meiste Zeit hatte ich meine blonde Bayerin im Schlepptau.

Ich hatte das Gefühl, beobachtet zu werden, und egal wo ich mich aufhielt, überall war die blonde Bayerin in der Nähe. Ich wollte nicht, dass sie ihre Chance vertue und Ärger bekomme, nur weil ich glauben könnte, mein Ego stärken zu müssen, riet ihr also, sich mehr mit anderen sehen zu lassen anstatt mit mir, und ich tat dasselbe.

Am nächsten Morgen ging es mit dem Tanztraining los, wie schon drei Jahre zuvor. Dann weiter mit Frühstück, Morgenansage und den Trainingseinheiten. Die Sportgruppe war toll, und wir hatten ausgeglichen viele Jungs und Mädels. Die meisten Partnerübungen wie das Zuspielen beim Volleyball, das Korbwerfen beim Basketball und auch Badminton machte ich mit dem Mädel, das mich in Portugal im Sommer ersetzen sollte.

Mittagessen, Nachmittagansage und wieder Trainingseinheiten folgten. Abends standen Lehreinheiten über Dekoration, Moderation und Schminken auf dem Programm. Allerdings hatten wir abends keine Tanzstunden mehr, also schon gegen elf Feierabend, so dass wir meist noch irgendwo einkehrten. Ich zeigte meiner Sportpartnerin die Bilder von Portugal und schwärmte vom Team und meiner besten Freundin, die ja seit Februar wieder dort war. Unterdessen wollten immer mehr Leute meine Bilder sehen, da viele in Hotels eingesetzt wurden, die mir bekannt waren.

Am dritten Tag wurde ich in die Fitnessgruppe gesteckt, denn ich würde ja alle sportlichen Aktivitäten kennen, und unsere Fitnessanimateurin auf Menorca brauche Unterstützung.

Hier waren fast nur Mädels und ein riesengroßer Zickenkrieg. Ich bekam Schulungen in Aquafitness, Entspannung und autogenem Training. Aber ich vermisste die Sportgruppe, zu der ich mich in jeder Pause gesellte.

Abends gaben zwei der neuen Animateure eine kleine Gesangseinlage, da der eine in einer Band spielte und der andere A-Kapella-Sänger war. Es war großartig, und ich bekomme immer noch Gänsehaut, wenn ich mir den kurzen Film anschaue, den ich mittels Digicam aufgezeichnet hatte.
Die Woche verstrich leider viel zu schnell, und ich verpasste es vor lauter Wassergymnastik fast, meine neue Teamkleidung abzuholen.

Galaabend, Black and White-Party sowie amerikanisches Buffet rundeten die Tage ab. Zum Essen am vorletzten Abend wurde ich von einem Mann angesprochen, der verantwortlich für die Versendung von Animationsmaterial war. Es ist nicht einfach, in alle Teile der Welt Pakete zu verschicken. Erst recht nicht, wenn der Inhalt für Leute ohne Aufenthaltsgenehmigung bestimmt ist. In die nicht EU-Länder schickt man die Ware am besten mit den Angestellten, wenn diese einreisen. Da ist die Wahrscheinlichkeit kontrolliert zu werden, nicht so groß. Man bezahlt den Animateuren das Übergepäck und sagt ihnen, dass sie im Notfall die Taschen mit dem Material stehenlassen sollen, bevor sie Ärger bekommen. Die Türkei ist so ein Land. Sie hat extrem viel gegen Leute, die ohne Aufenthaltsgenehmigung dort im Einsatz sind. Meine Freundin sollte also Ware bei der Einreise mitnehmen. Sie wusste wohl auch schon Bescheid über die beiden Taschen die sie mitführen sollte. Ich machte ihm klar, dass es nicht sicher sei, dass sie mich holen komme, denn ich war geneigt, Schluss zu machen. Für ihn war es kein Problem, fand er doch bald eine andere. Im Nachhinein fiel mir mein Helm wieder ein, der bei ihr im Auto lag. Den wollte ich zurückhaben, was nur ging, wenn sie mich abholte. Zu mir geschickt hätte sie ihn mit Sicherheit nicht.

Am letzten Abend hatten wir noch eine Einheit in Kinderdisco. Ich hatte keine Lust, war aber nicht der Einzige. Die beiden Ausbilder, welche die Minidisco leiten sollten, waren so elanlos wie man es nur sein kann. Abends gab das Hotel wieder Bier aus und wir feierten den Abschluss der Seminarwoche.

Die Bayerin und ich verabredeten uns für drei Uhr in meinem Zimmer. Es war nicht unbedingt gentlemanlike, aber ich fühlte mich besser. Mitten in der Nacht stand sie auf, da sie ihren Zug kriegen musste und versprach mir, sich zu melden. Ich hätte gerne für die eine Stunde mit meiner Freundin Schluss gemacht, um nicht fremd zu gehen. Allerdings hatte ich meine Zweifel, dass sie mitten in der Nacht zwei Mal an ihr Handy ginge, und wecken wollte ich sie schließlich auch nicht.

Es ging nicht darum fremdzugehen, sondern darum, meine Freundin danach wieder ins Bett zu kriegen.
Gegen halb zehn weckte mich ein Anruf von ihr: Sie treffe bald ein. Der Speisesaal sah aus wie nach einem Bombenangriff. Manche waren gar nicht erst zu Bett gegangen, sondern nach der Party gleich zum Frühstück. Mein Zimmergenosse meinte zu mir, dass ich in diese Animationswelt passe, da ich nichts anbrennen ließe. Als sie ankam, fand meine Freundin es etwas merkwürdig, dass die beiden Taschen, die sie hatte mitnehmen sollen, nicht vorhanden waren und

auch niemand, den sie hätte fragen können. Etwas verschlafen und verkatert sackte ich in den Beifahrersitz des Kleinwagens. Mein innerer Vorbeimarsch war, als wir in Gladbeck wieder übereinander herfielen; ich hatte nicht einmal geduscht.
Beim Kaffee bemerkten alle, dass ich fast einschlief und wunderten sich. Ich hatte die eine Hälfte der vergangenen Nacht mit Feiern verbracht, die andere Hälfte mit der schönsten Nebensache der Welt. Da ist es ja wohl verzeihbar, etwas müde zu sein. Unterdessen verschob meine Angebetete ihren kompletten Zeitplan. Anstatt mich Sonntag früh zum Bahnhof zu bringen, sollte ich bereits am Samstag fahren. Ich wollte allerdings noch Zwischenstation in Kassel machen, um eine Kollegin aus meiner ersten Saison zu besuchen. Ich hatte das Treffen einen Monat lang geplant, und nun fiel es ins Wasser. Ich sah es aber auch nicht ein, das Treffen auf den Samstag zu legen. Am Samstagnachmittag wurde ich nach Essen zum Bahnhof gefahren. Anstatt ihr den letzten Kuss aufzudrücken, hätte ich ihr sagen sollen, dass wir uns nicht wiedersähen. Aber so rasch, wie sie weg war, hätte ich meine Pläne der halben Essener Innenstadt mitgeteilt, hätte ich es ihr hinterher gerufen.

Endzeitstimmung und Saisongmüdigkeit

In den meisten Touristenorten gibt es wenig oder gar keine Privathäuser. Manche werden sogar regelrecht zu Saisonende abgeriegelt, zum Beispiel der Ort Albena in Bulgarien. In Orten wie Sankt Oswald in Kärnten wären ohne Touristen nicht einmal 200 Leute. Bei Saisonende hat man ein Gefühl, das einem in unzähligen Sciencefiktionfilmen wie „Mad Max„ oder „Waterworld“ vermittelt werden soll. Man glaubt mit wenigen anderen der einzige Mensch weit und breit zu sein. Läden, Kneipen und andere Einrichtungen sind öde und verlassen. Das stärkste dieser Gefühle hatte ich in Albena, das sich in eine regelrechte Geisterstadt verwandelte. Die meist jungen einheimischen Hotelangestellten kehren nach einer Saisonschluss in ihre, meist im Hinterland liegenden, Heimatorte zurück. Ausländische fliegen selbstverständlich auch nach Hause. Fischer, Boots- und Jetskivermieter machen ihre Gefährte winterfest oder holen sie komplett aus dem Wasser. Man selbst fällt in ein tiefes Motivationsloch, vor allem wenn der erste Regen Ende September die Tage dunkler werden lässt. Was so schlimm für Animateure jetzt auch wieder nicht ist. Bitte nicht falsch verstehen, für Gäste ist das natürlich sehr schade. Aber bei Regen, wenn die wenigen Gäste sich mehr im Inneren des Hotels oder auf Ausflügen befinden, rutscht man in die Saisonmüdigkeit. Man gewöhnt sich schnell daran, keine Ansagen mehr am Pool zu machen und den wenigen verbliebenen Gästen nur ein paar Brettspiele anzubieten, von denen die meisten sowieso nicht angerührt werden. Ohne Innentheater fallen auch die Shows flach und weichen Bingo-, Poker-, Quiz- und Spieleabenden in kleinster Runde. In Portugal regnete es fast zwei Wochen lang und dann kam, was keiner

erwartet hatte: Es wurde wieder schön. Mitte Oktober, mit den Gedanken schon zu Hause, noch einmal Fahrt aufnehmen zu müssen, war eine große Herausforderung. So sehr man in der Vorsaison fieberhaft ein paar aktive Urlauber erwartet, so sehr wünscht man sie sich zu Ende wieder weg. Das Schlimmste ist, wenn nur einer zum Programm erscheint und man seinetwegen die Bocciakugeln hervorzaubern oder die Dartscheibe aufhängen muss.
Zu Ende der Saison herrscht bei Animateuren ein regelrechter Fotozwang. Weil man ja „nur" ein paar Monate Zeit hatte, kam man nicht zum Fotografieren. Zugegebenermaßen verschiebt man es immer gerne, die Kamera mitzuschleppen, weil man sich sagt: „ich habe ja noch den ganzen Sommer Zeit dafür". Aber eines Tages ist die Saison um, die Sonne weg und mit ihr die schöne Kulisse.

Menorca

20 mal 40 Kilometer nichts

Als erstes bekam ich kein Ticket nach Menorca, sondern nach Mallorca und das wieder mal ohne Erklärung. Nach vielen Fragen wurde mir gesagt, dass es eine Art Sammeltransport von einer Insel zur anderen geben solle. Im Flugzeug saß eine junge Krankenschwester neben mir. Diese wollte einen Pfad von Barcelona bis nach Nürnberg wandern. Da es um diese Zeit noch keine Charterflüge gab, musste sie einen Linienflieger nehmen. Über Mallorca nach Barcelona, um dort wandern zu gehen. Am Flughafen wurde ich dann von unserer Regionalleitung abgeholt. Genau dieselbe wie vor einem Jahr in Portugal. Sie begrüßte mich überraschend freundlich und war offensichtlich wegen meiner Regelverstöße im Vorjahr nicht mehr sauer. Per Mietwagen ging´s quer über die Insel, um den Rest vom Team, der in einem Hotel wartete, abzuholen. Die Insel wird auch gerne Malle genannt. Ich finde, dies klingt wie eine Krankheit. Der Arzt kommt und sagt: „Sie haben Malle“. Da kann man noch froh sein, kein Domm. Rep. eingefangen zu haben!

Eines meiner neuen Teammitglieder hielt ich für einen Teenie, da sie weitaus jünger wirkte, als sie es war. Die andere hatte an allen möglichen Stellen Piercings. Der männliche Part war ein fast zwei Meter großer Sunnyboy. Hier und da sprangen auch noch Leute umher, die ich wenige Wochen zuvor noch auf dem Seminar gesehen hatte. Wir fuhren zum Hafen, um mit dem Schiff die stille Schwester Mallorcas und einen der größten Naturhäfen Europas zu erreichen.

Wenn Frauen reisen, haben sie schon viel Gepäck, wenn sie in die Animation gehen könnte man meinen, dass sie umziehen. Als Kavaliere. die wir waren, schleppten wir den Mädels ihre Taschen, so groß wie mein kompletter Kleiderschrank, die Treppe hinauf zum Eingang des Schiffes. Die Strecke zwischen den beiden Inseln betrug rund dreißig Kilometer. Ich hatte das Gefühl, dass Mallorca nicht kleiner und Menorca nicht größer wird, wenn ich in die Richtungen schaute. Das Schiff fuhr so langsam, dass man auch hätte schwimmen können.

Unterdessen wusste ich nicht mehr, was ich von meinem neuen Chef halten sollte. Ich würde ihn zwar erst kennenlernen, aber unsere Zielgebietsbetreuerin hob ihn nicht gerade in den Himmel. Er war zwei Sommersaisons auf Kreta gewesen, und dort wollte er als Teamchef wieder hin. Er war der festen Überzeugung, dass er mit seiner Erfahrung im Hotel und den Kontakten, die er pflegte, geeignet sei. Allerdings hatte er da nicht mit der Firma gerechnet. Unser Reiseveranstalter wollte nicht, dass jemand, der sich so gut in einem Hotel eingebracht hatte, dort auch Teamchef werde. Er war länger als der Zielgebietsbetreuer dort und wäre dann auch der Ansprechpartner des Hotelmanagers gewesen. Damit hätte er die Autorität der Zielgebietsbetreuung untergraben. So jemand war ein Dorn im Auge des Reiseveranstalters. So endet er also nach Menorca in einem Hotel, das zum ersten Mal unter der Führung unseres Veranstalters lief.

Es hörte sich gut an, was uns unsere Zielgebietsbetreuung auf der Fahrt von Mallorca nach Menorca alles versprach. Trotz eines recht großen Teams sollten sich nie mehr als zwei Leute ein Badezimmer teilen. Es sollten niemals mehr als zwei Leute ein Zimmer bewohnen. Wir würden in wenigen Wochen mehr als fünfzehn Leute, alleine von unserem Veranstalter sein und fast dreißig insgesamt. Unser Kinderclub sollte voll sein, während der andere leer bleibe, und unsere Minidisco würde die Kinder von den anderen abwerben, so dass es von dem Hotelanimationsteam bald keine mehr gebe. Wir würden qualitätsmäßig herausstechen und noch viel mehr deutsche Gäste ins Hotel ziehen als die letzten Jahren zuvor.

Alles was sicher war, ist, dass wir uns auf diese Aussage nicht verlassen konnten. Alles kam anders.

Unsere Zielgebietsbetreuerin hatte eine störende Eigenart. Sie verdrehte ständig ihre Augen, anschließend schloss sie sie, um sie wieder blitzartig zu öffnen. Das geschah etwa alle Zehn Sekunden, und es war schwer, sich mit ihr zu unterhalten. Blickkontakt zu halten war unmöglich, wie auch, wenn ihre Lider ständig die Sicht auf ihre Augen versperrten.

Erst gegen Abend erreichten wir die „Playa de Punta Prima“ und trafen zum ersten Mal unseren neuen Chef. Ach nein, in dieser Produktlinie hieß es Teamleiter oder Teamleitung. Egal, der Häuptling war wie mein anderer Kollege fast zwei Meter groß, so dass ich mir mit meinen 1,75 Meter schon recht albern vorkam.

Die Anlage war riesig! Platz für 2100 Menschen, etliche Appartements, vier Pools, davon einer als Indoorpool. Acht Tennisplätze, ein Fußballplatz und ein Basketballplatz. Punta Prima bedeutet so viel wie abfallender Hang zum Meer. Schoß man einen Ball aus Versehen aus der Anlage, rollte er die Straße hinunter bis vor die Lobby. Wäre da kein Bordstein gewesen, wäre ich öfters bis ans Meer hinterher gerannt.

Bei einem Touristenort vor der Eröffnung bestehen Schwierigkeiten, einen Platz zum Essen zu finden. Wir fanden ein Lokal, das teuer war, aber vorerst, vor der der Saison, gab es viele Rabatte. Schlimmer war allerdings die Tatsache, dass wir Essenspakete bekamen, jeder eins pro Mahlzeit. Das reichte hinten und vorne nicht. Ein Brötchen und etwas Salat, dazu ein viertel Liter Saft und bei etwas Glück noch einen Apfel. Es wurde also Zeit, dass das Restaurant öffnete.

Wir fingen an, alles auszuräumen und zu sortieren. Allerdings mussten wir auf die Türen aufpassen wie die Schießhunde. Kam ein Wachmann vorbei, schloss er zu. Es könnte ja jemand was klauen. Wir rannten teilweise wie die Blöden umher und suchten einen, der uns öffnen konnte, weil wir noch nicht fertig waren. Natürlich setzten auch die Proben wieder ein. Wir bekamen eine neue Show zum 40 jährigen Bestehen des Reiseveranstalters. Das war mal eine Abwechslung und auch was Neues für die Erfahrenen unter uns. Anfangs waren die Proben toll, lustig und nie länger als bis ein Uhr morgens. Unser Chef wollte ja sein Feierabendbierchen nicht versäumen. Auch in der Abendpause gab es schon eins. Wir waren uns alle einig, dass wir die Minidisco nicht komplett nüchtern machen würden, da sie sonst keinen Spaß mehr machen würde.

Meine Kollegen aus der Wintersaison machten sich über mich lustig, da ich würde für dasselbe Geld doppelt so viel arbeiten würde wie zuvor, wenn ich die Produktlinie wechseln würde. Meiner Ex sagte auch, dass ich sie nach wenigen Wochen anrufen und ihr hinterher fliegen würde. Ich hätte mir lieber die Zunge abgebissen, als zuzugeben, dass sie Recht gehabt hatte. Aber mit diesem Team und dem Chef konnte ja nichts schiefgehen. Dachte ich!

Am dritten Tag lernten wir den Chef des hauseigenen Teams kennen. Er war Italiener, Gott sei Dank kleiner als ich. Ich mochte ihn nicht, und wenn er mir sympathisch wurde, schoss er wieder einen Bock, so dass ich ihn wieder nicht leiden konnte. Es folgten die Tanztrainerin und der DJ der Saison. Die Tanztrainerin war mir zu dem Zeitpunkt noch unsympathischer als der Chef. Der DJ war einfach nur da, ihn interessierte nur die Technik und sonst nichts, man brauchte ihn auch nichts fragen, er hatte keine Ahnung. Wenn er frei hatte gab es weder Musik noch Ansagen am Pool. Man braucht allerdings Musik, um Aquafitness anzubieten. Dies fiel an seinen freien Tagen also hin und wieder aus.

Die Art und Weise wie unsere Zielgebietsbetreuerin langsam mit uns umging trug ihr den Spitznamen „die böse Hexe" ein. Sie tat alles, um dem alteingesessenen Team zu gefallen. Hintenrum schmiedete sie Pläne, um dessen Position zu unterwandern und um unsere Art der Animation durchzusetzen. Sie tat auch so als wären alle aus meiner alten Produktlinie primitiv und einfallslos. Ich würde in der einen Saison mehr lernen, als in den letzten drei Jahren. Alles was ich lernte, war mit vier Stunden Schlaf auszukommen.

Ich telefonierte häufig mit meiner Seminarbekanntschaft, die nun in Portugal eingesetzt war, ebenso wie mit meiner besten Freundin, die mittlerweile die dritte Sommersaison dort war. Ich hörte mir von beiden an, was sie über die Zeit zusagen hatten und war erstaunt. Was ich vernahm, war teils so unterschiedlich, dass manchmal Zweifel aufkamen, ob beide im selben Hotel arbeiteten. Ich konnte mir meine beste Freundin gut vorstellen, wie sie Augen verdrehend, verzweifelt und innerlich kochend, versuchte, den neuen die Shows beizubringen. Genauso die Bayerin vom Seminar, wie sie sich den Allerwertesten aufriss und die dennoch bei ihrem Unterricht wenig Erfolg hatte. Es war jedes Mal amüsant, die jeweiligen Wahrheiten zu hören. Über eins waren sich aber beide einig, der neue Chef war ein Idiot. Er schien unfähig zu sein, selber Shows umzusetzen, meckerte aber, wenn keiner Tanzen konnte und schrie die Mädels auch an. Fast alle mit denen ich über die Saison Kontakt hatte, waren unglücklich über ihre Einsätze.

Wir bekamen eine Getränkekarte, die an der Bar vorzuweisen war, wollten wir etwas trinken. Zunächst ganze fünf Getränke am Tag. Bei 30 Grad sind diese vor dem Mittag weg. Es ging uns damit aber immer noch besser als dem Hotelteam, dem Fünf-Liter-Kanister hingestellt wurden, mit Wasser, was so roch und schmeckte wie aus dem Kinderpool nach drei Stunden Poolaction. Man soll sich aber nicht an Schlechterem orientieren, also bekamen wir wenig später uneingeschränkt Getränke. Beim Bestellen des ersten Bieres wurde mein Kollege fast von einer jungen Ungarin über den Tresen gezogen. In den letzten vier Jahren hätte noch kein Animateur Alkohol bekommen. Er sagte etwas wie, dass wir da auch noch nicht da gewesen wären.
Diese Getränkekarten hatten aber auch noch einen Nachteil, abgesehen davon, dass nachzuvollziehen war, was wer wann und wo getrunken hatte. Es dauerte lange bis sie durch das Lesegerät gezogen und die Nummern der jeweiligen Getränke eingegeben waren. Manchmal warteten wir auf den Service, bis die Lust auf Anstehen verflogen war. Den Kellnern konnte man auch während des Laufens die Schuhe besohlen, und die Gäste haben ja auch Vorrang.

Hex Hex

Die täglichen Streitereien zwischen dem Boss und der Zielgebietsbetreuung entgingen uns natürlich auch nicht. Unser Chef hielt das Team an, nicht einfach mit der Unterhaltung aufzuhören, wenn sie in der Nähe war. So was fiel auf und machte sie nur noch unerträglicher. Allerdings wusste sie, dass sie nicht einfach war, so ehrlich war sie dann doch zu uns.

Eines Abends bei den Proben fiel unserer bösen Hexe ein, was am nächsten Tag im Kinderclub stattfinden sollte. Sie scheuchte eines der Mädels los, um alles vorzubereiten. Diese wollte sich nun bei unserem Chef abmelden, der gerade auf der Bühne stand. Wenn unsere Zielgebietsbetreuerin sich in den 16 Wochen in den denen ich auf Menorca war, einmal schnell bewegt hat, dann in diesem Augenblick. Sie quälte ihre Schwungmasse aus einem der bequemen Stühle, der in der ersten Reihe stand und schlug auf der Bühne ein wie ein Komet. Sie brüllte wie ein Marktschreier und meinte, dass die Kinderanimateurin zu tun habe, was immer sie befohlen habe und das ohne Widerspruch. Sie sollte auch keine weiteren Fragen stellen und sich nicht beim Chef ausheulen. Jedes Teamsmitglied verteidigte die junge Kinderanimateurin, woraufhin sie mit Abmahnungen drohte. Die Animateurin ging, aber erst nachdem es ihr unser Chef gesagt hatte. Darauf hin wurde die Hexe noch wütender. Ihr passte es gar nicht, dass die Animateure mehr auf den Teamchef hörten als auf sie, obwohl sie eine Stufe höher stand. Wie peinlich, der ganze Auftritt war alles, nur nicht vorbildlich. Wie sollten wir Respekt vor einer übergewichtigen und schreienden Zielgebietsbetreuung mit Minderwertigkeitskomplexen haben? Ab diesem Augenblick war sie auch bei dem letzten und kulantestem im Team unten durch.

Das Hotel füllte sich, aber die Leute zu den Programmen blieben aus. Diese Zeit nutzten wir zum Proben, wenn wir nicht gerade auf den Matratzen im Kinderclub bei beschlossenen Vorhängen, einschliefen. Zu den Programmtreffpunkten gingen wir selten, es kam eh keiner.

In Portugal arbeiteten wir Hand in Hand mit dem hoteleigenen Animationsteam, aber hier machte jeder, was er wollte. Die Meetings und die Programme liefen getrennt. Lediglich in die Shows wurden wir ein Stück weit integriert.

Auch wohnten wir getrennt. Während das Hotelteam in kasernenartigen Unterkünften und zu vielen Betten in zu kleinen Räumen hauste, lebten wir in Hotelzimmern. Im Vorzeigehotel des Reiseveranstalters bewohnten wir zu zweit jeweils ein Appartement. Jedoch nur zwei Wochen, was mich nicht störte. Diese Zimmer waren im Focus der Anlage, alles was wir angestellt hätten, hätten die Gäste mitbekommen. Abgesehen davon wäre es kein Geheimnis mehr gewesen, wo wir wohnen.

In der neuen Behausung dann erlebten wir ein gewaltiges Gewitter. Das heißt zwei, die sich über der Insel trafen. Bei jedem Blitz knisternden die Steckdosen so sehr, dass wir die Betten von den Wänden entfernten.

Ich bekam wieder meine Stelle als Nummer Eins hinter dem Teamchef, allerdings auch hinter seiner Freundin, was mich nicht störte, da ich die beiden als Einheit sah. Ich hatte auch die Ehre, unser Maskottchen bei den Welcomeshows zu machen. Wir hatten einen sogenannten „Walkingact“. Ein Kostüm in Form eines Fantasiewesens, das der Reiseveranstalter als Maskottchen ansah. Drei Jahre lang war ich um so einen Unsinn herumgekommen und hier machte ich das die ganze Saison. Aber schließlich fand ich Gefallen an diesem monströsen Kostüm und tat es immer wieder gern.

Was ich für unprofessionell hielt, war die Tatsache, dass am Pool den ganzen Tag eine CD lief, genauso wie am Abend. Jeden Abend vor den Shows konnte man anhand der Lieder feststellen, wieviel Zeit noch bis zum Auftritt blieb, was auch die Gäste nervte.

Eventwochen

In der vierten Woche etwa bekamen wir Besuch. Keine Gäste, ein Tanzlehrerpaar. Wir hatten im Hotel Tanzwoche. Ich fand den Zeitpunkt ungünstig, da wir nur drei Paare und eine Alleinreisende fanden mit Lust zur Teilnahme zeigten. Ich musste also für die Singledame herhalten. Nicht, dass ich böse über den einwöchigen Tanzkurs war, aber als meine Tanzpartnerin hätte ich mir jemand anderen gewünscht. Sie war Anfang 30 und alleinstehend, was auch kein Wunder war. Nett war sie, aber alles andere passte nicht. Da kam der 24 jährige Sportani mit dem Waschbrettbauch doch höchst gelegen, um zumindest im Urlaub mal

auf Tuchfühlung zu gehen. Ich war von mir selbst überrascht, hätte nie gedacht, mal jemanden so abstoßend zu finden, dass mir jede noch so kleine Berührung unangenehm wäre. Die Lacher hatte ich alle auf meiner Seite. Das Ende dieser Woche feierten wir in einer der tollsten Discos, die ich je gesehen habe, in einer Höhle an einer steil abfallenden Klippe am Meer. Man stiefelte außen eine in den Fels gehauenen Treppe hinunter, um in den Hauptbereich zu gelangen. Ein Teil lag also innen im Fels, einer als Terrasse außen.
Eine Woche später gingen unsere Eventwochen weiter. Es war nun Yogawoche. Wer jetzt glaubt, Yoga bedeute, im Kreis zu sitzen und OHMM zu singen, der irrt. Es ist anstrengend, schweißtreibend und man erlebt sich als verdammt ungelenkig. Aber die Meditation war ein Erlebnis. Es sei nicht mehr, als sich darüber klarzuwerden, dass jetzt der Moment gut sei und nichts anderes zähle. Alle Sorgen spielen in diesem Augenblick keine Rolle. Alles Gewesene ist unumkehrbar; was kommt, bleibt unbestimmt. Der Yogalehrer saß da und erzählte genau das. Ich saß wie auf Kohlen, weil mir der Rest des Tages durch den Kopf ging und ich noch viel zu tun hatte. Aufspringen wollte ich aber auch nicht einfach, also blieb ich hocken.

Das Vorzeigehotel

Dafür, dass das Hotel so hoch angepriesen war und als das Vorzeigehotel des Veranstalters galt, wurde es mit Requisite und Kostümen schlecht versorgt. Es war zwar meine erste Neueröffnung, dennoch hätte man das besser machen können. Alleine für unser Team waren fünfzehn Leute eingeplant. Das Hotelteam bestand ebenfalls aus fünfzehn Leuten. Von Holländern, Spaniern, Italienern über Belgier bis zu Slowaken war alles vertreten, die bunteste Truppe, die mir je untergekommen war.

Für die Shows bekamen wir Kostüme, von jedem eins, mussten also erstmal unsere private Kleidung benutzen. Wer sich schon mal geschminkt, verschwitzt und in aller Eile ein helles Shirt übergestreift hat, der weiß, dass es danach aussieht, als habe man es an einer andern Körperpartie getragen. Die Kostüme vom Hotelteam waren vermutlich vom Chef selber bestellt, für seine Größe allerdings, so dass wir regelmäßig Hemden, Westen und Jacketts ruinierten, mit Ausnahme eines Löwenkostüms, das unter den Armen Riesenlöcher hatte, nachdem ich es das erste Mal getragen hatte. Aber wir sollten uns ja auch richtig bewegen, was die Klamotten nicht aus hielten.

Recht früh in der Saison kam der Dekorateur ins Hotel. Mein Chef und er bauten die erste von drei großen Dekorationen, allerdings vermaßen sie sich nach einer Nacht in der Höhlendisco um ein paar Zentimeter, mit der Folge, dass die übergroße Wand nicht durch die Eingangstür passte. Das bekamen wir allerdings erst mit, nachdem der Dekogott weg war. Derjenige, der sich vermessen hatte, war unser Chef, der jedoch mittlerweile auch das Türmen im Sinn hatte. Eines

Tages, nach etwa fünf Wochen, trat er vor das Team und berichtete uns von seiner Kündigung und von der seiner Freundin. Verständlich bei der Art zu arbeiten. Wir waren recht niedergeschlagen, hatten wir doch noch so viel vor. In den letzten Tagen, die die beiden uns beehrten, machten wir uns Gedanken über die Nachfolgerin. Egal was kommen sollte, es wäre ein Schritt zurück, aber wir wollten ihr eine faire Chance geben. Für männliche Animateur sind männliche Teamleiter und für weibliche eben weibliche Teamleiter eher geeignet.

Die zweite Dekoration, die gebaut wurde, war noch aufwändiger. Waren es bisher nur eine improvisierte Bar, ein paar leere Flaschen und Stapelkisten, so war diese bei Weitem raffinierter. Sie wurde mit Lichtschläuchen versehen, die nach dem ersten Benutzen schon Probleme bereiteten. Sie wurde vom Zielgebietsbetreuer von Mallorca und dem Dekogott zusammengeschossen, wenige Momente vor Showbeginn. Die dritte Deko bestand aus acht Wänden, die zu vier großen zusammengestellt und mit Bildern behängt wurden. Diese waren Spanplatten mit großen Aufklebern. Aufkleben und Ausschneiden war meine Aufgabe und das mitten im Programm. Die Dekorationen wurden im Keller konstruiert, gleich neben den Mülltonnen. Ich war froh, die acht Bilder endlich fertiggestellt zu haben. Es war weniger das Kleben und Schneiden als vielmehr der Weg durch die Katakomben. Die Anlage war riesig. Ich musste mir vorher immer das Werkzeug bei den Technikern holen, was sich aber oft als unbrauchbar erwies. Es ist traurig, dass man für eine Woche in diesem Hotel schon im vierstelligen Preisbereich lag und das Hotel kein ordentliches Werkzeug besaß. Ich wäre schneller gewesen, hätte ich das Holz durchgefressen. Die Stichsäge hatte ständig ihr Sägeblatt verloren, da ich keinen Imbusschlüssel hatte, um sie festzuziehen.

Auch wäre es schneller gegangen, hätte ich einen Hammer gehabt, um einen Wegweiser zum Kinderclub, zum Fußballplatz und diversen anderen Orten in die Erde zu schlagen. Als Hammer diente mir ein Zaunspfahl. Ich bekam ihn jedoch nicht richtig fest und durfte ihn deshalb jeden Tag neu einschlagen. Manchmal hatten ihn auch Gäste einfach rausgezogen und ins Gebüsch geworfen. Eines nachts, nach den Proben, stand er noch an seiner Stelle. Ich war so sauer auf alles, dass ich den Wegweiser selbst aus dem Boden riss und wegwarf.

Zudem sollte ich noch eine Treppe bauen und – wie erwähnt – alles während den Programmzeiten. Irgendwo dazwischen, damit die böse Hexe einen Grund hatte sich über meine ständige Abwesenheit zu beschweren. Die Treppe baute ich schließlich nicht, da der DJ sich im Handwerk versuchte und sie aus Paletten erstellte, einen zweistufigen Hocker, so schwer, dass man ihn alleine nicht bewältigen konnte. Aber er wurde hochgelobt, denn er hatte ja auch Zeit für so was. Die MDs für die Shows waren fertig, und am Pool lief sowieso immer dieselbe CD, sechzehn Wochen lang. Ich war aber froh, dem stinkenden Loch neben dem Müll entronnen zu sein.

Dass Angestellte nicht das Beste bekommen, verstehe ich noch. Aber nicht, dass die Gäste, die viel Geld für diesen Urlaub berappten, das allerletzte Material bekamen. Den Fahrrädern fielen die Pedalen ab, der einzige Basketball war wie ein Flummy, die Fußbälle wie Steine, die Tischtennisschläger waren schlechte Fliegenklatschen und die Bälle nicht einmal rund. Für die Dartscheibe hatten wir einen anderthalb Meter hohen Dreifuß und Pfeile komplett aus Hartplaste. Kleber zur Reparatur des Bogenschießmaterials wie Pfeilauflagen, Federn und Spitzen, fehlte. Verbogene Aluminiumpfeile lassen sich richten, aber unsere Fieberglaspfeile verbogen sich nicht bei Verfehlen der weichen Strohscheibe. Sie spalteten sich regelrecht und nahmen die Form eines Schneebesens an. Also mangelte es schon früh an intakten Pfeilen, ebenso wie an Zielscheiben, da wir nur eine pro Woche nehmen durften, und das bei täglichem Gebrauch. Aber Hauptsache die Siebenjährigen durften beim Luftgewehrschießen mitmischen. Oder wie soll man es ausdrücken, wenn drei Leute ein Luftgewehr halten, damit der Sprössling den Abzug betätigen kann um – wo auch immer – hinzuballern?
Unser Chef reiste in Begleitung seiner Freundin ab und hinterließ ein paar CDs, ein paar Unterlagen und einen USB-Stick, der mir später zum Verhängnis werden sollte. Alles wurde mir mit dem Auftrag zur Weiterleitung übergeben. Warum ich einen Blick auf den Stick warf und ihn dann nicht weitergab, weiß ich nicht mehr. Der Stick war leer und auf Frage, ob unser Chef noch etwas hinterlassen hätte, verneinte ich. Ein leerer USB Stick war für mich nichts.

Das Team wurde von der bösen Hexe vor unserer neuen Chefin gewarnt. Sie sei sehr abgehoben und ihr Wort sei Gesetz. Nach dem Motto, ich Chef, du nichts. Unsere Zielgebietsbetreuerin wollte trotz alledem noch einmal neustarten, wollte alles was war, vergessen machen und uns ohne Vorurteile noch einmal beginnen lassen. Sogar für ihren peinlichen Sprint zur Bühne und das darauffolgende Theater entschuldigte sie sich.
Als sie dann jedoch übergangsweise die Hauptplaybacks übernahm, war der Ofen erstmal wieder aus. Sie konnte gut tanzen, hatte jedoch die Ausstrahlung eines Leberwurstbrötchens und die Figur einer Bockwurst. Es war mir ein Rätsel, wie sie es schaffte. nicht von der Bühne zu plumsen. Bei ihrem andauernden Augenrollen und -schließen hätte sie normalerweise nicht einmal die Vorhangöffnung finden dürfen. Ein Gast, der berufswegen Ahnung von Shows hatte, stellte eine berechtigte Frage. Wir hätten doch so viele attraktive junge Damen im Team, warum müsse es denn gerade sie sein, die im Spagettiträgerkleid ganz vorn auf der Bühne tanze. Er mochte zwar diese Lieder, aber wollte sie jetzt nicht mehr hören, weil er ständig diese Bilder im Kopf hätte.

Ein ganz normaler Tag

Am Morgen nach Eintreffen der neuen Teamleitung hatten wir wieder eine unserer völlig schlecht organisierten Ansagen. Ich war es gewohnt, dass der größte

Teil des Teams um den Pool marschiert, um sich dann klatschend mit gestelltem Zahnpastalächeln in einer Reihe neben den Moderator aufzubauen. Fehlanzeige, ein paar Hansel, ein krächzender, knackender Lautsprecher und ein überforderter DJ. waren die jämmerliche, morgendliche Präsens eines bis dato fast zwanzigköpfigen Teams. Die Hälfte der Gäste am Pool verstand kein Wort. Entweder war die Box zu leise oder die Gäste waren keiner der fünf Sprachen mächtig, in denen wir die Poolansagen machten. Eine normale Morgenmoderation dauert mit Clubtanz etwa fünfzehn Minuten. Unser in fünf Sprachen dargebotenes Tagesprogramm mit Klatschpausen erstreckte sich über fast eine halbe Stunde. Ich bekam meine erste Rüge von unserer neuen Teamleitung, gleich nach dem „Guten Morgen“ wegen der Morgenmoderation, für die ich nicht verantwortlich war.
Egal, sie war ja neu und wusste es nicht besser. Während unsere Ansage noch lief, begann laut Zeitplan mein Programm. Allerdings musste ich noch eine Runde um den Pool drehen, um die Gäste persönlich anzusprechen, darauf fast einen halben Kilometer weiter zum Materialholen und noch eine Runde um einen anderen Pool vollziehen. Ich kam nie pünktlich, was mir meine nächste Rüge eintrug.

Die Programme wurden wie folgt geführt. Beginn morgens acht Uhr mit dem ersten, Dinge wie Yoga, Joggen oder andere leichtere Sport und Fitnessprogramme gab es zur Wahl. Ein anderer besetzte dann ab neun Uhr den Kinderclub zur Entlastung der Eltern, die ihren Nachwuchs schon zum Frühstück nicht bändigen konnten. Der Club des Hotelteams öffnete zehn Uhr, so dass auch unsere Gäste glaubten, dass auch wir nicht früher öffnen würden. Der angekündigte Versuch, den andern Kinderclub auszustechen, wurde im Keim erstickt. Es scheiterte schon alleine daran, dass in unserem nur Deutsch, Englisch und etwas Französisch gesprochen wurde, während beim anderen auch Holländisch, Italienisch, Slowakisch und ein gutes, durch eine Belgierin gesprochenes Französisch hinzukam. Und so wurde der Kinderclub des Hotels jeden Morgen nicht nur von anderen, sondern auch von deutschen Kindern überrannt.

Ab neun Uhr fünfzehn stand ein Teammitglied im Restaurant, um Flyer mit dem Tagesprogramm zu verteilen. Das war einerseits recht beliebt, da man sich schnell was vom Büfett stibitzen konnte, ohne sich großartig bei Gästen niederlassen zu müssen. Andererseits kam man sich vor wie ein Staubsaugervertreter. Kaum war man den letzten Flyer an einen etwas mitleidig schauenden Gast los geworden, wollten weitere fünf welche haben.
Um neun Uhr dreißig begann das Morgenmeeting. Kurz nach zehn, je nach Lust und Laune der Italiener, dann die Morgenansage an dem untersten der drei Außenpools. Unsere Ansagen sollten Punkt zehn beginnen, jedoch hatten die Italiener das Monopol. Es war ein schwerer Kampf, unsere Zeiten durchzusetzen. Also begann alles um etwa zehn Uhr. Viertel nach zehn startete mein erstes Sportprogramm, meist Bogenschießen. Gegen elf Uhr folgte Volleyball unter der Fuchtel des Sportanis des Hotelteams, um zwölf folgte Wasserball durch mich.

Ich musste aber halb eins beim Poolspiel am anderen Pool sein, fast einen halben Kilometer entfernt. Ich sollte ja auch bei den Programmen bleiben und sie nicht nur anleiern, um wieder zu verschwinden. Irgendwas fiel immer hinten runter. Zwischendurch waren teils auch noch Aquafitnesskurse zu übernehmen, da ich auf dem Seminar ja auch das erlernt hatte. Das war eine Abwechslung, und da hatte ich sogar Erwachsene im Programm, was bei den anderen nicht der Fall war. Dazu ist zu sagen, dass unser Publikum recht gut betucht war und die meisten viel Ausgleichssport betrieben. Also brauchten sie den Urlaub zum Ausspannen. Deshalb fliegt man ja nach Menorca, nicht nach Mallorca. Und jemand, der zu Hause einen gut ausgebildeten Fitnesstrainer hat, der gibt sich im Urlaub nicht mit einem Animateur zufrieden, der das nur macht, weil kein anderer da ist.

Mittag gab es ab dreizehn Uhr Um vierzehn Uhr setzten unsere Proben ein. Mit etwas Glück ging es um fünfzehn Uhr mit der Nachmittagsansage weiter. Der DJ war der einzige, der die Technik am Pool bedienen durfte. Hatte er keine Zeit oder keine Lust, so fiel die Ansage aus oder sie wurde später nachgeholt. Nachmittags hatte ich noch mal zwei bis drei Sport- oder Fitnessprogramme, Basketball, Fußball oder was man eben bei 35 Grad so macht.

Der Kinderclub sollte bis 18.30 Uhr besetzt sein. Ich ging immer schon um 18 Uhr, da die Kollegen dort keine Acht-Uhr-Programme hatten. Das schien aber soweit keinen zu stören. Die Minidisco war ein Witz. Im Gegensatz zu den Saisons vorher konnten wir uns hier die Lieder nicht zusammenstellen. Es war ein fertiger Mix von etwa einer halben Stunde. Jeden Tag, sieben Tage die Woche, ein halbes Jahr lang dieselbe Leier ohne Abwechslung. Angeblich sollte diese Methode verkaufsfördernder für die CDs sein. Aber welche Eltern kaufen Musik, die sie sie zwei Wochen lang zu ertragen hatten?

Wir begannen mit unserer Disco um zwanzig Uhr. Erst abwechselnd mit dem Hausteam, einen Tag die, einen Tag wir. Dann folgte hintereinander eine Stunde Kindermusik. Kinder von einer Minidisco wegzubekommen, ist fast unmöglich. Zumindest hat man ein Riesentheater. Aber eine Stunde Kinderlieder wollten sich die meisten Eltern nicht antun. Kein Kind geht nach einer halben Stunde Disco freiwillig zum Essen, wenn es weiß, dass noch eine weitere folgt. Aus diesem Grund brachten die meisten ihre Kinder erst zur zweiten halben Stunde, also zur Kinderdisco des Hotelteams. Rausreißen mit einer besseren, motivierteren und elanvolleren Minidisco konnten oder wollten wir es auch nicht. Die neuen waren noch nicht so weit, und ich verspürte dazu wie immer keine Lust.

Anschließend trafen wir uns für die Show, Schminken, Aufstellungen und Ablaufpläne noch einmal ansehen. 21.30 Uhr begannen die Shows, ungefähr eine Dreiviertel Stunde lang. Danach Gästekontakt, der sich schwierig gestaltete, denn Deutsche mit kleinen Kindern gehen pünktlich zu Bett. Der Rest an Gästen stammte überwiegend aus Osteuropa und sprach weder Deutsch noch Englisch. Es bedarf auch einer guten Auffassungsgabe sich mit einem Engländer, Schotten oder Iren auf Englisch zu unterhalten. Wie auch wir haben die Dialekte und plappern munter drauflos. Das Hotelteam durfte sich nicht einmal setzen, es hatte neben den Gästen zu stehen und musste alle paar Minuten den Tisch wechseln.

Während sich dann der dichte Schleier namens Nacht über die Insel legte, dekorierten wir die Bühne für die Show am nächsten Abend. Die Proben durften natürlich auch nicht fehlen. Wie immer! Teamchefs haben alle eine Angewohnheit: Sie meinen in punkto Choreographien immer Recht zu haben. Egal was andere behaupten, richtig ist, das ihre Kenntnisse oft mangelhaft sind. So auch diese junge Frau. Unsere Shows waren gut, die Tänze saßen und die Playbacks waren verteilt. Auch unsere Zielgebietsbetreuung fand unsere Aufführung okay.
Aber nein, alles begann von neuem. Anstatt, dass unsere neue Leitung da anknüpfte, wo der alte vor seiner Flucht aufgehört hatte, zog sie alles noch einmal durch. Anderthalb Monate Tanztraining umsonst. Jeder Schritt wurde wiederholt. Unsere Zielgebietsbetreuerin war plötzlich der Meinung, dass der alte Teamchef uns eh nichts richtig beigebracht habe. So schlugen wir uns die Nächte im Theater bei den Proben um die Ohren. Es ist einfacher, Tänze neu zu lernen als umzulernen, vor allem bei mangelnder Erfahrung. Also waren die Schwierigkeiten vorprogrammiert. Persönlich hätte ich es fairer gefunden, wenn unsere Teamchefin sich der Mehrheit angeschlossen hätte. Aber sie wollte uns nach ihrer Pfeife tanzen lassen. Normalerweise sind die Nachtproben nach etwa acht Wochen passee. Die Tänze sitzen und es wird nur noch am Mittag vor der Show wiederholt. Hier nicht, mittags und bis tief in die Nacht wurden die Tänze runtergespult. Das war also eines der Horrorbeispiele aus dem Fernsehen.

Der tasmanische Teufel

Unsere neue Teamleitung sprühte also vor Energie und Tatendrang. Das war klasse, allerdings hatten wir immer noch den Stempel des ehemaligen Chefs aufgedrückt. Das machte es für sie nicht einfach, obwohl wir anfangs noch versuchten, ihr unter die Arme zu greifen. Von der Sache her war sie auch ganz süß. Als sie aber im Kinderclub mit einem riesigen Karton kämpfte, schätzungsweise doppelt so groß, wie sie und ich über den dummen Kommentar meines Teamkollegen lachte, wurde sie sauer. Sie würde ganz genau mitbekommen, dass wir sie nicht ernst nähmen und über sie lachten. Wir sollten uns zusammenreißen, sie akzeptieren und respektieren. Sie erreichte damit genau das, was sie nicht wollte. Wir verließen den Raum und machten uns über sie lustig. Lachverbot, sollten wir weinen, wenn wir sie sehen? Wie das? Bei ihrem Anblick musste ich immer an den tasmanischen Teufel denken. Sie war anderthalb Meter groß und bewegte sich wie ein Tornado. Sie hatte es schwer in dieser Situation, war aber auch selber Schuld. Man kommt nicht neu in ein bestehendes Team, krempelt die Regeln um und krittelt an allem herum. Jedes Teammitglied hatte am Anfang was gegen sie und sehnte sich den alten Chef zurück.

Gesprächsprotokoll

Wenn es in dieser Saison ein Wort gab, was gleichermaßen angsteinflößend und lächerlich war, dann war das Wort „Gesprächsprotokoll". Es sollte dazu dienen, dass dusslige, vergessliche Animateure nicht behaupten konnten, man habe ihnen nicht gesagt, wie was zu laufen habe. Außerdem war es gut für schwache Teamleiter, die ohne fremde Hilfe oder Druckmittel nicht mit ihrem Team klarkamen. Wenn ich an Portugal denke, dann wäre die Sache sogar berechtigt gewesen. Unser erster Chef hätte nie ein solches geschrieben. Er wollte Problemchen ohne die Zentrale klären, so, dass keiner von weiter oben als von ihm Ärger bekommen könnte. Er war auch in der Lage, die Differenzen ohne Dritte zu klären. Ich war mir sicher, jeder andere hat zwei davon, bevor ich mein erstes bekomme.

Allerdings war ich der erste, der sich bei der Leitung melden durfte. Die Gründe waren so simpel wie dumm. Ich hatte sonntags frei, also hatten, im Gegensatz zu allen anderen Touristenzentren, keine Läden auf. So bestand keine Möglichkeit, einen Friseur aufzusuchen oder einzukaufen. Nach wenigen Wochen sah ich daher wie ein Strauchdieb aus, was bei der hiesigen Führungsebene nicht so gut ankam. Ich dachte zurück an Portugal, wie es meinem Chef immer missfiel, wenn ich frisch vom Friseur kam, da er der Meinung war, dass meine Haare länger sein sollen, um für die Bühne besser frisierbar zu sein! Wie man es macht, ist es verkehrt. Meine Schuhe waren durch das Chlorwasser arg mitgenommen und sahen nicht mehr gut aus. Mir waren die freien Tage egal, ich bestimmte ja nicht darüber. Zur Chefin zu dackeln und um einen anderen zu bitten, wollte ich auch nicht, da es sowieso im Gespräch war, die freien Tage mal zu tauschen. Also wollte ich warten. In der Vorsaison durften immer Teenies ins Sportprogramm, so auch auf Menorca. In diesen Tagen hatte ich einen Sechzehnjährigen zum Fußball, aber ich ließ ihn zum Bogenschießen nicht zu, weil Bögen in meinen Augen Waffen sind und nur in Erwachsenenhände gehören. Wie ein Pfeil schoss der Vater des Jungen zum tasmanischen Teufel, der wirbelte zur bösen Hexe und diese flog zu mir. Plötzlich und von einer Sekunde auf die andere handelte es sich um keine Vorsaison mehr.

Der Tropfen, der das Fass allerdings zum Überlaufen brachte, war klar und hochprozentig. Nach einer durchzechten Nacht mit dem Hotelpersonal am Strand, tauchte ich morgens mit Alkoholfahne und einer Frisur wie nach einer einwöchigen Achterbahnfahrt im Kinderclub auf. Meine Chefin wäre vor lauter gespielten Entsetzen fast vom Hocker gefallen. Eine halbe Stunde später unterschrieb ich als erster mein Gesprächsprotokoll.

Wenn sie gewusst hätte, dass ich noch eine Flasche an der Bar geklaut hatte, wäre es sicher zu einer Abmahnung gekommen! Nachdem mein Kollege und ich in der Vornacht vom Strand zurückkehrten, hatten wir keine Lust mehr auf Bier, sonder schlichen durch die Katakomben zur Bar. Plötzlich hatte er Angst, dass der Raum mit Kameras überwacht werden könnte. Ich hielt dies für Blödsinn, wollte aber nicht ins offene Messer wanken. Also kroch ich in tiefster Gangart, so wie ich bei der Bundeswehr gelernt, Richtung Bar, schlängelte mich hinter den Tresen und mopste eine Flasche Schnaps. Ich war allerdings überrascht, dass das Hotel über die Anzahl der Flaschen sehr gut Bescheid wusste. Einen Tag danach war die Bar geschlossen, wegen einer Inventur, weil etwas fehle. In allen vorangegangenen Hotels, krähte keine Hahn nach einer halbvollen Flasche Rum. Aber auch meine Kollegen wurden vom Gesprächsprotokoll heim gesucht. Mein männlicher Kollege machte einen Fahrradausflug mit einer, für einen allein, viel zu großen Gruppe Teens. Es war seitens der Teamleitung verantwortungslos, das Programm trotz fehlender Unterstützung, durchführen zu lassen. Es kam wie es kommen musste. Einer der Halbstarken ging verloren, glücklicherweise fuhr der Abtrünnige aber wieder ins Hotel zurück. Ein Protokoll gab es trotzdem. Eine andere Kollegin schlief morgens im Kinderclub in der Kuschelecke ein. Das taten wir alle, wenn wir schon neun Uhr da sein sollten. Allerdings wurde nur sie dabei erwischt. Die Chefin war nach eigener Aussage „zutiefst schockiert".

Loserwoche

Wir führten die „Loserwoche" ein, denn der Zorn der Hexe und des Teufelchens traf jeden von uns einmal. Der, auf den sie es in der Woche abgesehen hatte, hatte die Loserwoche, und irgendwie traf mich das immer öfter. Alles in allem machte ich nichts anders als in den drei Jahren zuvor. Aber hier schien alles was vorher richtig war, falsch zu sein. Die Programme liefen, teilweise drei parallel, aber ich hatte wohl immer zu wenig Gäste. Aufgrund unserer langen Nächte, oder kurz, je nachdem, redete ich mit unserer Zielgebietsbetreuung darüber, wie lange das noch so weiter gehen solle. Sie versprach Besserung, die ich nicht mehr mitbekam. Nachdem nach fast der Hälfte der Saison keine Besserung eintrat machte ich Dienst entsprechend meiner schlechten Bezahlung. Ich machte was ich wollte. Nur noch die Shows waren für mich wichtig. Das Tagesprogramm lief wie ich, sehr müde und lustlos. Regelmäßig wurde ich immer öfter zu unseren beiden Herrscherinnen gebeten und bekam angeraten, doch wieder Freude zu zeigen, die anderen nicht runterzuziehen und verdammt noch mal meine Programme durchzuführen. Dass ich nebenbei noch die Dekoration und irgendwelche anderen Sachen baute, war den beiden egal, das solle ich doch bitte in meiner Freizeit bewerkstelligen.

Wenn unsere Leiterin Aquakurse gab, verschwand ich auf mein Zimmer, um den Schlaf nachzuholen, der mir in der Nacht zuvor wegen der Proben nicht fehlte. Tat ich das nicht, beobachteten wir sie beim Zuspätkommen. Mein Kollege und ich waren gerade beim Kaffee am Pool als wir merkten, dass unsere Chefin, obwohl ihr Programm jeden Moment beginnen sollte, fehlte. Sie verlangte von uns strikte Pünktlichkeit, eine Mikrofonansage und eine Poolrunde. Nun kam sie zu allem zu spät. Dies wollten wir uns als Joker aufheben, wenn sie uns mal dumm kommen sollte. Dann hätten wir was gegen sie in der Hand. Aber das war Pustekuchen, sie war ja die Chefin und hatte Wichtigeres zu tun, deshalb sei sie zu spät gekommen, was wir ja nicht in Frage stellen sollten.

Selbstverständlich hatten nicht nur wir Probleme mit unserer Chefin, auch das Hotelteam hatte Ärger mit ihrem kleinen Choleriker. Von der Tanztrainerin, die sich ihre Tränen an meiner Teamkleidung trocknete, über die Holländerin, bei der man auch ohne Wörterbuch verstand, dass sie sich aufregte, bis zum einzigen deutschen Mitglied des Hotelteams. Sie war über eine Agentur im Hotel, eine Art Leiharbeitsfirma für Animateure, sollte sich aber tatsächlich den ganzen Tag um die Wäsche kümmern. Das wollte sie natürlich nicht und beschwerte sich regelmäßig bei ihrem Chef. Unser Team war ihr zehnmal lieber als jeder aus dem Hotelteam. Ihr Chef rastete jedes Mal aus, wenn sie mit uns redete, da er annahm sie würde die Italiener schlecht machen. Sie hielt es nicht lange auf Menorca aus und flog nach wenigen Tagen nach Österreich.

Wenn der Chef rumsprang wie angestochen, erinnerte er mich an Rumpelstilzchen und erhielt auch prompt diesen Spitznamen. Ich wartete darauf, dass er mir in die Quere käme, das tat er aber nie. Er war zu uns Jungs immer nett. Kein Wunder bei seiner Neigung.

Viva la Revolution

Die nächste Verstärkung, die unser Team erhielt, erschien gleich als Quartet. Drei Damen und ein Mann. Eine recht kleine Bayerin, eine recht große Leistungsschwimmerin und eine Thüringerin, die nebenbei als Model arbeitete. Ja, zur Abwechslung mal ein Model. Der neue Mann war die perfekte Abrundung unseres Herrengespanns, alles neue Leute. Mir wurde von oberster Stelle verboten, von meinen Saisons in der anderen Produktlinie zu schwärmen. Natürlich schwieg ich nicht, fiel förmlich mit der Tür ins Haus. Schon am Anreisetag, normalerweise frei, mussten die vier neuen zur Kinderdisco, begannen gleich mit Proben und allem, was dazugehört. Eines Abends gab uns beiden Jungs ein zufriedener Gast etwas Geld für unsere Anikasse. Er verbrachte die meisten Programmpunkte mit uns und sein Kind konnte mit uns auch mehr anfangen als mit dem Kinderclub. Also teilten wir die Knete untereinander, ohne ein Wort darüber zu verlieren.

Nachdem fast zwei Drittel der Saison vorbei waren und es keine Besserung der Probezeiten oder der Zimmeraufteilung gab, sah ich keinen Sinn mehr. Ich arbeitete gerne für die Firma, allerdings nicht in dieser Produktlinie, nicht unter diesen Umständen. Es war sowieso alles falsch, was ich tat, also warum noch abmühen? Das bisschen Motivation, was ich noch hatte, lief förmlich winkend an mir vorüber und fuhr Richtung Flughafen. Das System war unausgereift und jeder meckerte. Eine Sechstagewoche mit fast 20 Stunden Arbeit am Tag ist kein Leben. Nur arbeiten und schlafen hat nichts mehr mit Animation zu tun. Darüber, dass sich nicht mehr als zwei Leute ein Bad teilen sollten, wurde der Mantel des Schweigens gelegt. Es waren nicht nur mehr Leute, sonder auch die Jungs teilten sich ein Bad mit den Mädels. Nicht, dass mich das störte, wenn ich mal mit einer meiner Kolleginnen duschte. Aber wo war das, was uns mal versprochen wurde und ganz ehrlich, wer wartet schon gerne vor dem Badezimmer, wenn er es eilig hat. Existiert nur eine halbe Stunde Pause, so wird Körperpflege zur Nebensache. Alles für den Arbeitgeber, aber wehe, es war jemand ungepflegt, dann hagelte es Gesprächsprotokolle.

Erst jetzt wurde mir klar, warum das Team zum größten Teil aus neuen, unerfahrenen Animateuren bestand. Wenn du blind auf die Welt kommst, dann ist die Nacht für dich hell. Neue Leute sind erziehbar, sie wissen nicht, wie es sein könnte und nehmen alles ohne Hinterfragen hin. Auf dem Weg zum Abendessen merkte mein Kollege an, dass ein normaler Arbeitstag in Deutschland acht Stunden habe. Wir hatten noch sieben Stunden vor uns, hatten aber auch schon dreizehn hinter uns. Nur um nachts ins Bett zu fallen um am nächsten Morgen wieder das Selbe zu vollziehen.
Das Hotel hatte ein Fitnessstudio, dessen Benutzen Animateuren auf Anweisung des Managers verboten gewesen sein soll. Aber der Manager freute sich immer über unsere Anwesenheit, da er selber gerne Sport trieb. Also hatte unsere böse Hexe gelogen, wollte wohl nicht, dass wir unsere Energie zur Leibesertüchtigung nutzen, sondern für die langen Tage verausgabten.

Endlich kam auch das offizielle Handyverbot, da angeblich ständig Gespräche geführt und SMS geschrieben würden. Während eines abendlichen Tennisturniers fragte unsere Zielgebietsbetreuung nach einem Handy, um unser Teamchefin zu erreichen, es sei dringend. Ich hatte mein Handy bei mir, traute ihr aber zu, mich nur testen zu wollen, also bekam sie es nicht. Noch ein Gesprächsprotokoll wollte ich nicht, außerdem tat es ihr ganz gut mal zu laufen.

Einer Kollegin schien es so, als ob kein Gast wissen dürfte, dass wir unser Leben nicht komplett dem Veranstalter gewidmet hät ten. Keiner durfte wissen, dass wir noch ein Privatleben haben und so hagelte es Verbote. Mir wurde sogar meine ironische Art verboten, da weder unsere Chefin noch die böse Hexe mit der ins Lächerliche gezogenen Wahrheit klarkamen. Vor den Shows hörte ich immer Musik über meinen MP3-Player, um mich auf die Shows einzustimmen. Das taten auch manche Teamchefs. Ich durfte es auf einmal nicht mehr. Ich sollte lieber meinen Kollegen helfen, wusste nur nicht wobei. Den Mädels beim Schminken? Dann wurde uns von der Zielgebietsbetreuerin noch angeraten, unsere freien Tage nicht dazu zu nutzen, die Insel kennenzulernen, sondern zum Schlafen und Ausruhen, um wieder für eine 120-Stundenwoche fit zu sein. Allerdings war sie es auch, die uns am Abend über die halbe Insel kutschierte, um uns irgendwelche Kneipen zu zeigen.

Unsere freien Tage gestalteten sich meist gleich. Wir schliefen ewig, fuhren dann wir in den nächsten Ort, um ins Internet zu gehen. Nachmittags legten wir uns an den Strand. Einmal hatten wir einen Mietwagen, der war mit 70 Euro am Tag der teuerste in meiner ganzen Animationszeit. Ein paar Wochen bevor ich ging, kostete dasselbe Auto 90 Euro, ich zeigte dem Vermieter einen Vogel.

Unsere Zielgebietsbetreuerin erzählte, dass ich anfangs der Beliebteste im Team gewesen sei, nun war ich der Rebelle, ein Glückspirat auf dem falschen Schiff. In ihren Augen war ich wahrscheinlich eine Art „Animationsguerilla". Eine „Einmanninfiltrationseinheit", deren Ziel es war, die Harmonie im Team zu zerstören, wobei sie vielleicht sogar recht hatte. Dieser Versuch meine Einstellung zu ändern, scheiterte allerdings. Ich musste nicht beliebt sein im Team, wenn ich mich nicht wohlfühle. Der Rebell im Team war irgendwie immer ich. Ich hatte immer was gegen die Mehrheit, da ich nicht einfach so „ja" sagen wollte. Also fühlte ich mich bestärkt in meinem Handeln als dieser. Jeder hat seinen eigenen Kopf, warum soll man ihn nicht auch benutzen?

Wir wurden etwa in der Hälfte der Saison mit der Anwesenheit der Choreografin der Hotelkette beehrt, Tochter eines Sängers der Mitte der Neunziger einen Sommerhit gelandet hatte, der teilweise jetzt noch in den Clubs für Ohrenschmerzen sorgt.

Ich war genervt und fühlte mich wie bei einem Sturzflug. Ich wusste nur nicht, ob ich Schwung holen sollte, um wieder hochzukommen oder jeden Moment unten aufschlüge. Jeder Schritt mit einem Ball unterm Arm, die ein Gast als mein kleines Leben bezeichnete, war schwer wie Blei. Ich war geneigt, dem immer nerviger werdenden und meckernden Manager einfach eine zu dackeln und ihn mit einem lockeren Kinnhaken aus seinem Hugo-Boss-Anzug zu hauen.

Jedes Mal, wenn ich unsere Zielgebietsleitung während den Nachtproben in einem Polsterstuhl sitzen sah, wie sie sich ein Brötchen nach dem anderen in den Hals schob und über jeden Fehlschritt fast ausrastete, wurde mir schlecht. Jede Nacht ging sie schlafen, wenn wir schlafen gingen, allerdings war sie vor elf Uhr nie zu erblicken. Wir hingegen standen zeitweise schon um acht auf der Matte und bis auf einen Tag, an dem ein Gast joggen wollte, waren alle anderen Morgende für die Katz. Nichts von dem, was mir an dem Job mal Spaß gemacht hatte, bereitete noch Freude, abgesehen davon, meine Chefin bei den Proben bis zur Weißglut zu provozieren. Wenn meine Mutter nicht ein Heidengeld für ihren Urlaub am Ende der Saison ausgegeben hätte, so hätte ich meine Taschen gepackt und wäre abgereist.

Dann kam noch die Sache mit dem USB-Stick, den unser erster Chef hinterlassen hatte. Ja, ich habe ihn nicht weitergereicht, aber das ist kein Grund für so einen Aufriss.

Den Stick nutzten wir im Team zum Tausch von Bildern und Musik. Während einer Mittagspause fragte unsere Zielgebietsbetreuung nach, was unser Chef denn alles dagelassen habe. Ich antwortete ihr, dass außer ein paar CDs, den Unterlagen und dem Stick nichts vorhanden sei. Da wurde sie, gelinde gesagt, etwas ungehalten. Sie hätte schon etliche Male nach dem Stick gefragt und jedes Mal hätte ich sie belogen und das mit voller Absicht! Ich war überrascht, da ich ja nicht der einzige im Team war, der ihn benutzte. Meine Antwort war, dass es sich um einen leeren Stick handele und ich der Firma nach dem nächsten Lohn gerne ein paar kaufe, wenn das so wichtig sei. Diese Antwort war ein Fehler! Es ginge nur sie und die Teamleitung an, was sich auf dem Stick befinde und nicht etwa einem einfachen Animateur wie ich einer sei. Meine ständigen Lügen hätten ein Nachspiel und so gehe es mit mir nicht weiter. Ich solle schon mal mit meiner Kündigung und einer Anzeige wegen Unterschlagung von Firmeneigentum und Diebstahl rechnen.

Mein Kollege, mit dem ich die meiste Zeit verbrachte, war derselben Meinung wie ich. Er war der felsenfesten Überzeugung, dass sie nie danach gefragt hatte. Unsere böse Hexe quetschte ihn aus und nörgelte so lange an ihm rum, bis er ihr einfach Recht gab, um seine Ruhe zu haben.
Dieses feuerzeuggroße Teil aus Metall und Gummi hatte weniger Speicherplatz als mein Handy und einen Neuwert von einem kleinen Kasten Bier ohne Pfand. Das Team belächelte die Einstellung unserer Führungsebene und verstand den Trubel um die Sache genauso wenig wie ich.

Der Weg hinauf führt durch den Dreck

Während einer Show ging ich auf die Toilette, als ich wieder kam, lag die Tanzlehrerin des Hotelteams am Boden, und alle standen drumherum. Sie hatte einen epileptischen Anfall und die Krämpfe in ihrem Körper verzogen ihn in eine unnatürlich, schmerzhafte Stellung. Sie hatte Atemaussetzer und Schaum kam aus dem Mund. Es ist erschreckend, wenn zwanzig Leute in so einer Situation da stehen und nicht wissen, was zu tun ist. Mein hünenhafter zwei Meter Kollege, ein Kerl wie ein Baum, drehte sich weg, weil ihm schlecht wurde. Ihr eigener Chef zuckte mit den Schultern und sagte, dass wir weiter machen müssten. Sie wurde ins Krankenhaus gebracht und wenige Tage später nach Hause geflogen.
Wenn es soweit kommt, dass es an die Substanz der Animateure geht, man auf dem Boden liegengelassen und nicht beachtet wird, dann ist man mit den falschen Leuten am falschen Ort. Ich hatte mit ihr nur eine Hassliebe, dennoch war es mir nicht einerlei, als sie abtransportiert wurde. Die Chefchoreografin leitete ab nun die Proben der Shows des Hotelteams. Anfangs machten sie mit ihr auch Spaß, aber mit der Zeit ging mir ihr Gemecker auch auf den Geist.

Nach einem Wasserballspiel wurde ich zu unserer Chefin bestellt, also scherte ich mich erstmal zum Teufel und zwar zu unserem tasmanischem. Ich ahnte nichts Gutes und fragte schon von weiten, was ich nun schon wieder falsch gemacht hätte und ob sie wisse, worum es gehe. Sachen werden nie so heiß gegessen wie sie gekocht werden, also befürchte ich nicht wirklich eine Anzeige. Ich glaubte nicht daran, dass der Reiseveranstalter, dem ich über drei Jahre lang treu ergeben gewesen war, mir nun wegen so einer Kleinigkeit die Hölle heiß machen würde. Ich rechnete dennoch mit einer Sanktion aber nicht mit mehr als einer Kündigung, und das gerade mal drei Monate, bevor ich ohnehin aufhören wollte. Wieder einmal wurde mir von unseren Führungsgrazien vorgehalten, dass ich lustlos wirke und meine Programme nicht liefen. Am selben Vormittag spielten bei mir Gäste zeitgleich Boccia, Dart und Volleyball. Aber so was sahen beide nicht mehr. Sie sahen nur noch, dass Wasserball an meinem freien Tag lief, aber nicht, wenn ich im Einsatz war. Dass in diesem Augenblick nur Teenies im Pool standen, weil nicht genug Erwachsene teilnehmen wollten, sahen sie nicht. Ebenso überhörten sie genau diese Aussage der beiden Kollegen, die mich an diesem Tag im Sportprogramm ersetzten. Mir wurde abermals die Sache mit dem USB-Stick vorgeworfen. Von einer Anzeige sehe die Firma aber ab, was ich ihr zu verdanken hätte. Um eine Abmahnung käme ich aber nicht herum. Ich bin mir ziemlich sicher, dass nichts von dem in der Zentrale in Deutschland ankam denn eine Abmahnung darf spätestens der Regionalleiter erteilen. Wie würde sich das auch anhören: „Hallo, zeigt doch mal den Animateur an. Er hat drei Monate lang mit zwanzig anderen Animateuren einen leeren Firmen-USB-Stick verwendet, anstatt ihn mir zu geben“.

Allerdings kamen nun neue bizarre, an den Haaren herbeigezogene Vorwürfe auf mich zu. Unter anderem, dass ich nicht unter Frauen arbeiten könne und ich einmal sagte, dass es einfacher für Kerle sei, unter einem männlichen Chef zu arbeiten. Ich würde die Teamleitung und sie nicht respektieren, was mich noch teuer zu stehen kommen würde. Warum Männer nicht zuhören und Frauen nicht einparken können, ist in schlauen Büchern niedergeschrieben. Allerdings sollte man von einer reifen Frau, die seit über zehn Jahren in diesem Beruf arbeitet viel mehr Menschenkenntnis erwarten. Ich wurde als frauenfeindlich dargestellt und hätte Probleme, mich meiner Chefin unterzuordnen.
Also wurde doch nicht alles was unter dem alten Teamchef passierte vergessen.

Ab diesem Augenblick beschlich mich das Gefühl, dass sie mich loswerden wollten. Natürlich, ich öffnete den anderen die Augen und machte ihnen klar, was sie eigentlich tun.
In meiner ersten Saison hatte ich eine Chefin. die ich sehr gemocht hatte. So sehr, dass ich nach Fuerteventura flog, um ihren Geburtstag mitzufeiern. In Österreich war die Chefin zwar anstrengend, aber dennoch liebenswert. Wegen jedem falschen Wort machten die beiden mehr Wirbel als eine Turbine.

Wenn meine Mutter nicht ihren Urlaub dort geplant hätte, wäre ich schon längst weg gewesen. Aber wie gesagt war dieser sauteuer und sie sollte nicht umsonst bezahlt haben. Also versuchte ich, so lange wie möglich auf Menorca zu bleiben, schloss aber eine Heimkehr mit meiner Mutter nicht aus.

Mir wurde angeraten mir gegenüber ehrlich zu sein. Ich sollte mir klar darüber werden ob ich noch da bleiben wolle oder nicht. Egal was komme, wurde mir versprochen, für meine Mutter würde gesorgt werden.

Mir war es egal wo ich hinkomme, auch wäre ich an den Balkan gegangen für die letzten zehn Wochen. Aber meine Mutter hatte einen Haufen Geld für den Urlaub berappt, nun sollte sie auch diesen bekommen oder wenigstens etwas Gleichwertiges und nicht in einer Drei-Sterneabsteige in der Türkei landen. Hier konnte es aber auch nicht weiter gehen.

Befreiungsschlag

Auch meiner besten Freundin ging es in Portugal nicht besser. Ihr wurde gekündigt, weil sie ihre Sache zu gut machen wollte. Sie machte einfach ihren Mund auf, was zu viel war. Drei Sommer lang riss sie sich ihren Po für dieses Hotel auf und nun wurde sie rausgeschmissen. Sie choreografierte zwei Shows dafür, dass sie gehen durfte. Wenn ich ehrlich bin, hätten wir auf unser gegenseitiges Gefühl, die Ratschläge, die wir einander erteilten, hören sollen. Sie hatte mir geraten, nicht immer zu sagen was ich denke und mich diplomatisch zu verhalte, während ich riet, sich nicht zu sehr für ihre Sache einzusetzen, da es ihr am Ende keiner danken würde, denn ich wusste wie der Rest über sie redete. Wir hatten beide nicht aufeinander gehört und nun bekamen die Quittung dafür. Allerdings erwischte es mich besser als sie.
Wann und wohin war noch nicht klar, aber ich sollte in ein anderes Hotel, in ein anderes Land, versetzt werden. Jetzt glaube ich, dass unsere Zielgebietsbetreuerin nur Frieden stiften wollte. Sie wollte ein Team ohne jemanden, der stets dazwischen funken könnte. Im selben Moment wollte sie auch, dass ich wieder Spass an der Arbeit hätte. Ich sollte meine Taschen packen und mich abmarschbereit halten. Es sollte aber vermieden werden, dass meine Kollegen Wind von der Sache bekommen, was sich allerdings bei zwei Kollegen im selben Zimmer schwierig gestaltete. Die hätten Fragen gestellt, wenn ich meine Klamotten gepackt hätte. Also spielte ich mit offenen Karten. Unser Team durfte erfahren, dass ich ginge, und dass das Wann und Wohin noch nicht feststand. Sie bekamen auch gesagt, was sie dem Hausanimationsteam vorlügen sollten. Unsere Zielgebietsbetreuung erzählte dem Hotelteam, dass ich auf Grund meiner Qualifikationen andernorts gebraucht werde. Natürlich kam ein plötzlicher, anderweitiger Einsatz allen spanisch vor, aber keiner wusste wann, in welchem Hotel oder in welchem Land das erfolgen sollte. Dann kam die gute Nachricht von oben. Ich wurde in ein Hotel geschickt nach Kreta, dessen Namen ich schon oft gehört hatte. Außerdem bekam ich eine Woche Heimat-, oder Motivationsurlaub, wie es

genannt wurde. Ich informierte sofort meine beste Freundin, die Kreta auch gleich als Urlaubsziel auswählte und freute mir riesig, hatte ich doch eh vorgehabt, sie mal wiederzusehen. Eine Woche später verabschiedete ich mich vom Team und flog nach Frankfurt am Main. Ich freute mich wie ein Schulkind bei Hitzefrei, denn ich kam gerade rechtzeitig zur Meisterfeier meines Schwagers.

Da auch in einem der schönsten Berufe etwas Schlechtes vorkommen kann

Ich habe lange hin und her überlegt, ob ich das folgende Kapitel mit einfließen lasse, habe mich dazu entschieden, da auch in einem der schönsten Berufe Negatives vorkommen kann. Es stellt alle Kleinigkeiten wie Stress mit Kindern oder nervende Teamchefs in den Schatten und manchmal fällt es einem schwer, einfach weiter zu machen. Aber man hat viel zu tun und wird so durch die Arbeit abgelenkt. Es ist aber dennoch eine Tatsache, dass der Tod auch in die schönsten Länder kommt.

Ein paar Meter neben unserem Volleyballplatz baute ein junger Mann seinen Schirm zum Waveboarden zusammen. Er fuhr raus aufs Meer. Eine halbe Stunde später traf ein Leichenwagen ein. Der Mann fuhr gegen eine Kaimauer. Ein Surfer fiel vom Surfbrett, bekam den Mast auf den Kopf, wurde ohnmächtig und ertrank. Einen Tag vor Eröffnung eines Hotels flog ein Rettungshubschrauber an der Küste entlang. Ein Hotelangestellter war tödlich mit seinem Motorrad verunglückte. Vier Wochen nachdem der Vater eines Hotelangestellten starb, weil das nächste Krankenhaus über eine Stunde entfernt lag, starb auch dieser. Ein Gast bekam einen Herzinfarkt, dem er erlag. Bei einer Party setzte sich eine junge Einheimische auf der Damentoilette den goldenen Schuss. Nach einer Discotour sprang ein junger Mann vom Dach des Hotels. Laut den Animateuren, die ihn begleiteten war er nüchtern gewesen. Angetrunken stürzte eine Animateurin nachts von ihrem Balkon. Der Sturz war nicht tödlich, sie wurde nur zu spät gefunden. Eine Kollegin wurde nach ihrer Animationszeit von einem Betrunkenen totgefahren. Ein Gast ertrank am zweiten Urlaubstag. Seine Frau betäubte sich mit Alkohol, und das Kind erzählte es jedem im Hotel. Mir selbst war nicht mehr zum Arbeiten zumute als ich vom Selbstmord eines Bekannten erfuhr. Ein männlicher Gast erlag einem Herzschlag. Seine Begleiterin flog nach Hause. Es stellte sich raus, dass sie seine Geliebte war und seine Frau glaubte, er sei allein auf Geschäftsreise.

Kreta, die letzten zehn Wochen

Gelungener Abschluss

Eine Freundin saß bei mir, als ich meine Taschen sorgfältig packte. Ihrer Meinung nach wäre ich ordentlicher und schneller gewesen, wenn ich Knoten in die Kleidung gemacht hätte. Nach einer Woche Urlaub flog ich für die letzten zehn Wochen nach Kreta. Um meine Mutter wurde sich natürlich nicht gekümmert. Wir mussten selber zusehen, wie wir sie umbuchten. Die junge Dame auf unserem Reisebüro tat was sie konnte. Der Urlaub meiner Mutter verschob sich zwar um vier Wochen nach hinten, klappte aber vorerst doch noch. Ich landete zwölf Jahre nach meinem ersten Kretaurlaub in Herakleon. Es hatte sich nichts verändert. Auf dem Weg ins Hotel machte ich die Bekanntschaft mit zwei jungen Frauen, von denen die eine meinem Chef aus Portugal kannte. Ich war noch nicht richtig im Hotel, da wurde ich schon zum Regionalleiter gerufen. Dieser hat noch mehr zu sagen als eine Zielgebietsbetreuung. Was er mir sagte, traf mich wie der berühmt berüchtigte Tritt zwischen die Beine. Ich solle nicht dort bleiben, sondern noch einmal das Hotel wechseln, nach Panormo in dasselbe Hotel von dem mein Chef auf Menorca häufig sprach. Dies geschehe wegen meiner Fitnessqualifikationen, die ich angeblich hätte. Jemand mit meinen Lizenzen und Erfahrungen würde dort dringend gebraucht da die Fitnessanimateurin in absehbarer Zeit gehe. Fitnesslizenzen, Erfahrung, Qualifikationen? Ich war durcheinander! Auf Menorca wurde mir meine Langhantelstunde weggenommen, die Aquakurse, die ich gab, konnte man an einer Hand abzählen und von dem Rest den ich machen sollte, hatte ich gar keine Ahnung. Ich fragte mich, woher diese Leute hier nur ihre Informationen kriegten! Sofort meldete ich Protest an. Es ging nach wie vor auch nicht nur um mich. Mir wäre es egal gewesen, ich hätte auch jede Woche in einer anderen Anlage gearbeitet. Auch hätte ich Eiswürfelweitspucken, Poolnudelgolf oder Sackhüpfen mit den Gästen veranstaltet. Ich war sauer und beschwerte mich gleich über das ständige Hin und Her und darüber, dass wir in Deutschland jede Menge Rennereien hätten, um meine Mutter umzubuchen. Das wäre alles kein Problem, auch hier wurde mir versprochen, dass man sich um alles kümmern werde. Das hatte ich alles schon einmal gehört. Allerdings wusste ich, dass der hiesige Zielgebietsbetreuer und die böse Hexe nicht die besten Freunde waren, was versuchte zu nutzen, indem ich ihn anspornte, das zu halten, was sie mir versprochen hatte. Mit Erfolg, meine Mutter wurde in das andere Hotel umgebucht. Eigentlich meint man, dass solche Sachen für einen Reiseveranstalter kein Problem seien. Der Regionalleiter berichtete, dass meine ehemalige Zielgebietsbetreuung manchmal einfach erzähle, was man hören wolle, oder was sie für angebracht hielet und noch ein paar Geschichtchen

über sie. Das nennt sich dann Solidatität unter Kollegen, aber ich war ihm zu Dank verpflichtet.
Egal, die Buggyinsel war Vergangenheit. Wenn auch nur die Hälfte von dem wahr gewesen ist, was mein erster Menorca-Chef erzählt hatte, dann würden die letzten zehn Wochen ein gelungener Abschluss von dreieinhalb Jahren Animation werden.

Als erstes hatte ich den Rest vom Tag frei und habe mir die Anlage angesehen. Ich bekam dazu noch eine DVD und einen Ortner über Fitnesskurse, den ich nicht mal aufschlug. Von der DVD entfernte ich lediglich die Folie, damit ich behaupten konnte, sie angeschaut zu haben. Als nächstes rief ich, keine Sekunde zu früh, meine beste Freundin an. Diese saß gerade am Computer und wollte mein aktuelles Hotel buchen. Hätte sie auf meine Anrufe so reagiert, wie im ganzen letzten Jahr, dann hätte sie wohl in einem Hotel anderthalb Autostunden von mir entfernt Urlaub gemacht. Aber sie ging ausnahmsweise mal ran und buchte aus Kostengründen eine Anlage in Bali, einem Nachbarort von Panormo. Das Team bestand aus schon aus früheren Saisons bekannten Zielgebiets- und Regionalleitern, der Chefin, die ich vom Skiopening kannte sowie der Fitnessanimateurin die ich vom Frühjahr aus meinem Fitnesskurs noch in Erinnerung hatte.
Abends gab es einen Cocktailabend. Nachdem dieser vorüber war stellte ich mit Freuden fest, dass es einen Mitternachtssnack gab. Pizza, Nudeln und Knoblauchbrot standen neben Pommes und Salat zur Auswahl. Am nächsten Morgen hatte die Fitnessanimateurin einen furchtbaren Kater. Sie konnte sich kaum auf den Beinen halten und übergab sich während ihres ersten Kurses am Pool. Prompt folgte ein Gesprächsprotokoll.

Jede Sekunde genießen

Nach drei Tagen wurde ich frühmorgens in mein Hotel kutschier, wo man mich herzlich empfing. Als Chefin präsentierte sich eine Bekannte von meinem Fitnessseminar im Frühjahr, als zweite ein Mädel, das ich auf dem Animationsseminar im März kennengelernt hatte. Sie war die besagte Fitnessanimteurin, die in ein paar Tagen gehen würde. Im Kinderclub saß eine junge Polin, der Rest des Teams befand sich bei der Morgenansage am Pool. Ein gutes Zeichen, das ganze Team bei der Ansage, und die hörte sich vom Kinderclub aus auch richtig gut an. Danach wurde mir kurzerhand das restliche Team vorgestellt. Drei Mädels, die sich einen Vornamen teilten. Eine Babyanimateurin, eine Thüringerin und die vier Herren der Runde. Einer davon ein Bekannter einer ehemaligen Kollegin von Menorca. Der zweiter war ein Schweizer, der mit einer der drei gleichnamigen Damen zusammen war. Der dritte war total durchgedreht und rannte den ganzen Tag in ein Bettlaken gehüllt rum, um Werbung für die griechische Fami-

lienolympiade zu machen, die an diesem Tag stattfand. Der vierte war ein Halbtunesier, etwa 1,90 groß, dunkel und ein Strahlemann.
Ich wurde von meiner neuen Chefin durch die Anlage geschleppt, um alles kennenzulernen. Ich schenkte ihr reinen Wein ein, was diese Fitnessgeschichte anging. Sie hatte mich auf dem Seminar gesehen und wusste noch genau, was unsere Trainerin über mich sagte. Also machte sie sich, im Gegensatz zu mir, keine Sorgen um die Fitnesskurse.

Am Abend zeigte mir der Strahlemann unsere Unterkunft, etwa zehn Minuten zu Fuß vom Hotel. Der Ausblick von dem kleinen Balkon auf die die grünen Berge, das Städtchen Panormo und das Mittelmeer entschädigten den Fußmarsch jeden Tag aufs neue. Ja, ich weiß, zehn Minuten Fußmarsch sind nicht viel, aber man stelle sich vor, man vergisst mal etwas.

Wir waren die fünf Männer des Teams und zwei Mädels, die außerhalb schliefen, die Babybetreuerin und die Thüringerin. Mein Kollege, der Halbtunesier, war gar nicht so übel. Ich würde sogar sagen der sympathischste Kollege, den ich je hatte. Er war dreißig Jahre alt, aber albern wie ein kleines Kind. Er hatte auch eine gute Einstellung zum Rest des Teams, hielt sich weitgehend fern, da er, abgesehen von der Chefin, mit Abstand der älteste war. Ich als neuer im Team hatte da noch etwas Schonfrist bis ich die Grüppchenbildung der fünfzehnköpfigen Truppe dann auch zu spüren bekam.
Das Hotel war eine weitläufige, dennoch nicht übergroße Anlage mit einem Pool innen, einem außen, zwei Volleyballfeldern, einem Fitness- und einem Allroundplatz. Die Tischtennisplatten standen ausnahmsweise und zum ersten Mal windgeschützt und die Bogenschießbahn weit weg vom Kinderclub. Unser Amphitheater war rustikal und selbst das Auslegen und Einsammeln der Sitzkissen bereitete Freude.

Am nächsten Morgen ging´s gleich los. Zusammen mit der Chefin und der Fitnessmaus durchlief ich die Fitnesskurse, um einen Teil davon in wenigen Tagen selber zu übernehmen. Am Abend dann wurde ich von der Chefin in die sogenannte Panormohall, die wir liebevoll die „Pornohalle“ nannten, bugsiert. Es war nichts anderes als ein großer Raum mit einer Bühne, oder einfach unser Innentheater. Sie hatte vor, mit mir alle Tänze durchzugehen, um zu sehen, was ich konnte, oder auch nicht. Nach drei Liedern sprang die erste CD. „Wenn du diese Tänze kannst, dann kannst du sicher auch den Rest der Show“, sagte sie und machte mit der nächsten CD weiter. So müssen Proben laufen, wenn man über drei Jahre lang dabei ist. Ohne großartig berichtigt zu werden, tanzte ich noch ein paar Tänze von anderen Shows, und die Sache war nach nicht mal einer Stunde beendet. Später gab es allerdings noch Proben für die Abendshow des nächsten Tages. Die Fitnessanimateurin hatte ihren letzten Abend, was sie und mein halbtunesischer Kollege auch ordentlich feierten. Die Proben waren eine Katastrophe, und am nächsten Morgen hatte der dreißig jährige einen Kater vom Feinsten. Wir brauchten für den Weg von der Unterkunft ins Hotel fast die doppelte Zeit. Nach dem Morgenmeeting sackte er in unserem Sportlager in sich zusammen und bewegte sich nicht mehr. Er bekam ein Gesprächsprotokoll und den Vormittag frei. Diese Reaktion auf mein Erscheinen kam mir aus dem anderen Hotel bekannt vor, vielleicht lag es ja an mir, dass sich die Leute besoffen, sobald ich auftauchte?

Trotz der Proben für den nächsten Abend hatten wir kurz vor halb zwölf Schluss. Also wir hatten schon Anwesenheitspflicht bis 12 Uhr aber weder Proben noch den Dekoaufbau danach. Also konnten wir beruhigt an der Bar oder an Tischen sitzen und mit Gästen plaudern. Die Deko wurde von einem von uns Jungs im Laufe des Tages erledigt oder kurz vor der Mittagsprobe von allen. Warum funktionierte das hier mit fünfzehn Animateuren und nicht auf Menorca, trotz der doppelten Anzahl an Leuten? Das war keine Arbeit, das war die Erfüllung eines zehnwöchigen Traums.
Ich hatte überraschend wenig Probleme, mich in das Fitnessprogramm einzufinden. Ich tat nichts anderes, als ich es im Fitnessstudio gemacht hätte. Ich bedachte allerdings nicht, dass ich die Wiederholungen den Gästen angleichen musste. So kamen manche der Kursteilnehmer ganz schön ins Schwitzen. Alles, was mit Wasser zu tun, hatte übernahm mein Kollege, dessen Bekannte mit mir auf Menorca arbeitete. Er war in einer Ausbildung zu einem Bademeister mit Fitnesskenntnissen und sollte einen praktischen Teil absolvieren. Da seine Freundin auf Kreta als Animateurin tätig war, sah er das als die günstigste Möglichkeit, sein Praktikum abzulegen. Nach fünf Tagen kam die Nachricht, dass wir eine zusätzliche Fitnessanimateurin bekommen. Ich würde von den Kursen befreit werden und wieder ins Sportprogramm dürfen. Das fand ich einerseits etwas schade da ich mich doch recht wohl fühlte, aber böse war ich deswegen auf keinen Fall.

Am Abend, an dem meine neue Fitnesskollegin ankam hatten wir Besuch von einer Gruppe künftiger Reiseverkehrskaufleuten. Diese rannten wie eine aufgescheuchte Hammelherde mit Notizblock und Stift durch die Anlage und schrieben alles, was sie für wichtig hielten, auf. Abends nahmen sie Teil an unserer Whitesensationparty, eine Party mit weißer Dekoration und amüsierten sich köstlich. Ich opferte mich freiwillig, am Bierstand zu stehen und sollte unserer neuen Kollegin gleich eins mitzapfen. Diese wurde aber, genauso wie ich etwa eine Woche vorher, zum Tanzen in die „Pornohalle“ verschleppt. Ich wartete etliche Biere, bis sie dann kam. Nach dem Aufräumen gingen wir auf mein Zimmer und begossen den letzten Abend des Aquatrainers. Er fuhr am nächsten Morgen zu seiner Freundin ins Hotel, um dort sein Praktikum zu beenden. Meine neue Kollegin hatte eine recht bewegte Vergangenheit zwischen Fotomodel und Drogenopfer. Wieder ein Fotomodel, es schien in diesem Jahr eine Modeerscheinung zu sein, da sie schon die Fünfte meiner Teamkolleginnen war, die so etwas Mal ge-

macht hatte. Ihre Drogengeschichten waren mittlerweile Schnee von gestern, und es sei Gras über die Sache gewachsen.
Ich war zwar wieder im Sportprogramm, allerdings machte ich hier und da immer noch ein paar Kurse, wenn die Fitnessanimateurin mit dem großen Kinn – weswegen wir sie hinter ihrem Rücken „Schumi“ nannten – frei und die Chefin keine Zeit oder keine Lust hatte.

Den ganzen Sommer lang …

Insgesamt ließ ich es die letzten Wochen noch mal krachen, da mir so langsam klar wurde, dass dieses Leben, was ich die letzten fast vier Jahre führte, bald ein Ende hätte. Also hatte ich ein Ziel, ich wollte jede einzelne Sekunde genießen. Wir lebten den Text des Liedes „Hole Summer long“ von Kid Rock. Wir versuchten, verschiedene Sachen, rauchten lustiges Zeug und trieben es am Meer. Whisky aus der Flasche und kein Gedanke an den Morgen danach.

Man kommt auf Kreta besser an etwas zu Rauchen, als an eine gute Tasse Kaffees. So saßen wir eines Abends bei mir auf dem Balkon. Meine Kollegin versuchte nach einigen Monaten Pause mal wieder eine Tüte zu bauen. Allerdings hatte sie das Zeug nicht, wie von mir zuerst angenommen, von einem der vorwiegend jungen Hotelangestellten. Sondern von unserem Schweizer im Team. Dem wiederum brachte es ein Kumpel von zu Hause mit auf die Insel.

Meine Mutter trat glückherrlich ihren wohlverdienten Urlaub an. Nach Hin- und Herbuchen, viel Stress und noch mehr Aufregung landete sie in Heraklion. Wir mieteten ein Auto und fuhren zwei Drittel der Insel ab. Auf Kreta wird beim Überholen des Öfteren auch mal die dritte oder vierte Spur aufgemacht, und das auf der Landstraße. Manchmal fährt man auch Kotflügel an Kotflügel durch mehrere Kurven und kommt sich vor wie beim Autorennen. Es gibt einen Punkt, an dem die Insel so schmal ist, dass man im Norden und Süden gleichzeitig das Meer sieht. Auch liegt auf der griechischen Insel die südlichste Stadt Europas, Ierapetra. Das Hotel in Malia, in dem wir einst zu Ostern mal Urlaub gemacht hatten, besuchten wir ebenfalls wie den Palmenstrand von Wai, an dem die Barkadiwerbung gedreht wurde.
Am vorletzten Tag des Urlaubs meiner Mutter flog meine beste und mittlerweile feste Freundin auf Kreta ein. Sie besuchte mich fast jeden Tag und sah sich auch ein paar Shows an, was sie sichtlich amüsierte, da sie eine strenge Kritikerin war. Über meine Fitnessgekollegin mit dem großen Kinn und selbsternannten „Miss Sunshine“ sagte meine Freundin, aus einer mir damals unverständlichen Eifersucht, dass sie beim Lachen aussehe wie ihre eigene Karikatur.

Nach einer Woche war ihr Urlaub vorbei und sie kehrte nach Dresden heim. Zurück blieben kühler werdende Abende, ein merkwürdiges Bauchgefühl, was sich in mir breit machte und eine zutiefst beleidigte Karikatur einer Fitnessanimateurin.

Bei dreißig Grad im Plüschtier

Alljährlich gibt es eine Wohltätigkeitsveranstaltung in einem Park in Chersonisus unter Beteiligung vieler Hotels und Reiseveranstalter, u.a. unserer, und es wurde jemand gesucht, der in unserem Walkingact bei den Kindern auf der Veranstaltung für Spass sorgen würde.
Wäre es nach mir gegangen, dann hätte ich das Zottelvieh auf kürzestem Weg zum Auto gebracht. Aber so einfach geht das nicht. Hätte mich ein Kind gesehen, dann hätte es seinen Glauben für den Rest des Urlaubs verloren. Solche Situationen kannte ich schon. In Portugal lagerten die Holländer ihre beiden Figuren in einem kleinen Raum im Fitnessstudio, in dem ich mich auch immer umzog. Ein kleines holländisches Mädchen stöberte herum und erblockte die vermeintlich abgetrennten Köpfe seiner so geliebten Figuren. Im dem Moment, als es schreiend davonlief wurde klar, dass ich für sie nun der Teufel war. Den Walkingact der Skischule trug oft der holländische Vorzeigekiffer. Er verlor einmal den Kopf und rannte den Skischulhang hinunter, quer durch die Kinder, hinter diesen her. Er brachte es auch fertig im Kostüm zu rauchen, so, dass dem Maskottchen Qualm aus den Augen stieg.

Das wollte ich alles nicht, brachte also das Fantasiewesen in seinem riesigem Karton vor die Lobby zum Auto. So wurde ich mit drei Mädels, unserem Maskottchen und einem Mietwagen nach Chersonisus geschickt. Ich hatte die Ehre bei über dreißig Grad in einem dicken Plüschtier rumzulaufen. Eines der Mädels bekam ich als eine Art Blindenhund, da ich durch den Mund des riesigen Kopfes schauen musste, sah ich nur den Meter vor mir. Hätte ich geradeaus geguckt, hätte der Kopf des Maskottchens eingebildet nach oben geschaut, was nicht sein sollte. So etwas macht richtig Spaß, man kann machen, was man will, da man ja nicht erkannt wird. Ich versuchte auch an den Ständen Dinge wie Torschießen und Ringewerfen. Mit Schuhgröße 80 und Füßen wie ein Salamander ist Fußballspielen eine echte Herausforderung. Wie nach einem Saunaaufenthalt befreite ich mich, nach fast drei Stunden, aus dem Kostüm. Mein Handtuch saugte den Schweiß nur mäßig auf. Auf dem Rückweg fragten mich die drei Damen, ob wir nochmals an einem Supermarkt anhalten können. Sie versorgten sich seit Wochen in einem kleinen Kiosk, der das Nötigste anbot. Ich kam auf die Idee, das Kostüm beim Einkauf zu tragen. Jedoch überlegte ich es mir, als ich meine Hand in den völlig durchnässten Körper steckte. Eines der Mädels setzte sich dennoch etwas naserümpfend den Kopf auf. Allerdings war es dann doch nicht so lustig. Es war nur ein zierlicher Frauenkörper mit einem doppelt so bereiten Kopf, der einen Einkaufswagen schob und dabei eingebildet nach oben schaute.

Kretashowteam

Etwa fünf Wochen vor Ende der Saison gab es ein Reiseleiterabschiedsfest auf einem Weingut bei Chersonissos. Dazu sollte eine kurze Show aufgeführt werden. Es sollten die bühnentauglichsten Animateure aus vier Hotels sein. Hätten sie nach den besten Tänzern gefragt, wäre ich nicht mit dabeigewesen. Wie auch immer: Ich war unter den drei Männern und sechs Frauen, die das Kreta Showteam bildeten. Aus unserem Team waren es meine Chefin, die Freundin des Schweizers, der Halbtunesier und ich. Wir fuhren eines Vormittags nach Chersonissos zum Proben. Überraschend schnell passten die Konstellation und die Aufstellung. Auch die Choreografien waren recht gleich, trotz dreier Teamleiter. So waren wir nach etwa drei Stunden fertig. Zum Zurückfahren war ein Mietwagen vorbestellt. Aber was tut man, wenn in der Autovermietung keiner aufzufinden ist und auch erst gegen Abend auftaucht? Wir wurden vom Zielgebietsbetreuer an den Strand gefahren. Dort verbrachten wir den Nachmittag bei Bier und Sonnenbaden. Natürlich durfte der Rest des Teams nichts mitbekommen, dass wir uns einen Bunten machten und nicht ewig probten. Wir hatten auch noch eine Stunde Fahrt vor uns und kamen gerade recht zum Showbeginn. Drei Tage später hatten wir die Abschlussprobe und die Kostümbesprechung. Meine Chefin war recht sauer, dass sie nur bei zwei von vier Tänzen dabei war. Ich tanzte alle vier.

Ein paar Tage später fuhren wir am Nachmittag an den Ort des Geschehens. Wir traten in fünfzehnminütigen Abständen auf. Zwischendurch saßen wir, aßen und tranken. Es gab ein tolles Buffet und tolle Weine, natürlich, befanden wir uns doch schließlich auf einem Weingut. Spät ging es nach Hause, und eine Flasche Wein hatten wir auch noch dabei. Es war ein toller Abend und ein voller Erfolg. Am nächsten Morgen hätte ich um acht Uhr Joggen im Programm gehabt, verschlief das allerdings. Einäugig und mit noch leicht „weißweinerlichem" Kopf schlich ich ins Hotel in die Panoramahall, hinter die Bühne in die Dusche. Dort machte mir die Haare etwas nass und zog meine normale Dienstkleidung an. Dann ging ich in den Kinderclub zum Morgenmeeting und tat etwas fertig, als wäre ich am Morgen joggen gewesen und hätte danach noch einmal geduscht. Niemand beschwerte sich über den Programmausfall.

Mein persönlicher Höhepunkt

Meine Chefin nahm sich ihre angesparten freien Tage als sie Besuch aus der Heimat bekam. Der Halbtunesier, der so eine Art verantwortlicher Animateur war, hatte die Ehre, einen Ausflug zu begleiten. Sie übergab mir deshalb die Probeleitung und Durchführung einer Comedyshow. Nach gerade mal fünf Wochen im Team und einem fragwürdigem Ruf schien sie doch mit meiner Arbeit zufrieden zu sein. Sie vergaß wohl, dass ich es war, der den Briefkastenschlitz unseres Requibriefkastens zugeklebt hatte. In diesen sollten am Anfang der Mama Mia Show Briefe an die vermeintlichen Väter gesteckt werden. Vor komplett gefülltem Theater brachte ich meine neunzehnjährige Kollegin in eine peinliche Situation.

Ich tauschte sofort einen Sketch aus und besetzte andere neu. Die Sketche selber wurden in den Versionen wie ich sie wollte, geprobt und durchgeführt. Also alles so wie seinerzeit in Bulgarien.
Es war auch seit Bulgarien die beste Show dieser Art. Zugegeben gab es bei der Show viel Alkohol und nackte Haut, aber das war mir wurst. Bei der Absage, nicht mehr ganz nüchtern, war einer der Momente in denen ich mir sagte: Ich liebe meinen Job. Ich hatte mein ganz persönliches Erfolgserlebnis.

Wie eine Strandhaubitze

Drei Wochen vor Schluss erlernte ich sogar noch eine Show. Hätte mir das auf Menorca jemand erzählt, so hätte ich das nie geglaubt. Es war eine Westernshow mit meiner Thüringer Landsfrau in der Hauptrolle. Die männliche Hauptrolle hatte mein Schweizer Kollege. Meine Chefin und ich bauten mich allerdings erstmal als Lacher ein. Der Schweizer erwartete in einer Szene unsere Teamleitung eine Treppe aus dem Publikum hinunterkommend. Mein etwas kleinerer und schmalerer Kollege war recht überrascht als ich in einem schwarzen Kleid, Perücke, mit Luftballons ausgestopft, und einer riesigen Tasche auf den Schultern seinen Namen schreiend auf die Bühne trat, spielte aber wie ein richtiger Profi sofort mit.

Ende und aus

Zu Ende der Saison passierte nicht mehr viel. Abgesehen von einem ausgerenkten Finger beim Volleyball und einem älterem Herren, der dank seiner Flipflops eine Treppe fallend hinter sich brachte. Gut, dass wir einen Arzt als Gast hatten, der sich wie gewohnt um die Verletzten kümmerte. Ich wischte, einmal mehr, das Blut weg, da es ein Uhr morgens war und die Putzfrauen Feierabend hatten. Die Treppe zum Kinderclub sollte ja nicht aussehen wie ein Schlachthaus. Unsere Fitnessanimateurin hatte kurz vor Schluss Geburtstag. Ich schenkte ich ihr ein Handtuch mit einer ihr sympathischen Comicfigur. Sie wollte an diesem Abend noch weg, fragte aber keinen vom Team, ob jemand mit wollte. Sie fuhr mit ein paar Jungs vom Personal wer weiß wohin. Am nächsten Morgen roch man ihre Fahne Kilometer weit gegen den Wind. Auch ihre Lust auf andere Stoffe schien wieder aufzuleben. Noch voll wie eine Strandhaubitze und breit wie eine Natter quälte sie sich durch ihre Programme. Ein paar Tage später wollte sie dann doch noch mit dem Team wegfahren, um den Tag, an dem sie geworfen wurde, mit allen zu feiern.

Es scheiterte an einem Mietwagenvermieter der schon geschlossen hatte und an zu hohen Taxipreisen. Also setzten wir uns in ihr Zimmer, zu fünft von dreizehn Leuten. Sie sorgte für gar nichts, es gab weder Getränke noch etwas anderes.
Die letzten zwei Wochen waren eine moralische Katastrophe. Wir fingen die Inventur an, da eh fast keine Gäste mehr verweilten. Ich hatte die Ehre unsere Gewichte zu zählen und wegzupacken. Sortieren, zählen, einpacken, beschriften und einlagern. Das Team wurde für die drei letzten Abende in drei Drittel eingeteilt. Zwei Drittel machten Inventur und der Rest Gästekontakt. Nachdem die Inventur ihr Ende genommen hatte, dachte sich so mancher, dass er doch als Andenken etwas Requisite mitnehmen könnte. Eine Kollegin hatte es auf ein rotes Kleid abgesehen, ein Kollege auf eine Lederjacke. Die Kostüme wurden in dunklen Müllsäcken, die mit Nummern versehen waren, an Kleiderbügeln aufgehängt. Die Säcke dienten als Nässeschutz vor eventuellen Wassereinbrüchen, die im Süden bei Regen durchaus vorkommen. Anhand der Nummern wollte das Mädel das Kleid erkennen. Allerdings kamen wir ihr zuvor und steckten es andernorts mit rein. An Stelle des Kleides befand sich ein Zettel mit unseren besten Grüßen.

An unserem letzten gemeinsamen Abend hatte unsere Chefin eine letzte, gemeinsame Kinderdisco geplant. Der Tag hätte so schön enden können. Alle rangen sich ein Lächeln ab außer mir. Mir sollte man meinen Unmut ansehen. Die Chefin machte sich so noch recht unbeliebt. Außerdem lud sie sich für die Heimreise in Berlin bei meinem Kollegen zum Mittag ein. Aber kam nicht auf die Idee, ihn und mich zur Abschlussfeier auf ihrem Zimmer einzuladen. Sie ging davon aus, dass es sich rumspreche. Das nahmen wir ihr übel und gingen mit zwei Kellnerinnen noch etwas trinken.
Saisonmüde und mit Blei an den Schuhen bestieg ich den Bus zum Flughafen. Einerseits war ich froh, erstmal etwas Ruhe zu genießen, andererseits war es schade zu merken, dass es nun endgültig vorbei war. Im Sitz zusammengesackt ließ ich meinen blick ein letztes Mal über die Landschaft streifen. Ich würde lügen, wenn ich behauptete, alles bewusst miterlebt zu haben. Es war mehr als ich es ferngesteuert tun konnte, verschleiert und schemenhaft.

Eine halbe Stunde nach meiner Landung flog auch das zweite Flugzeug mit meinem Kollegen in Berlin-Tegel ein. Meine Chefin buchte einen Mietwagen, und wir fuhren zur Mutter meines Kollegen zum Mittag. Dann wurde ich zum Bahnsteig gebracht. Ein letztes Bier unter Kollegen, ein letztes Mal über ein paar blöde Witze gelacht und ein letztes Mal die Hand gegeben, dann kam der Zug. Ich hatte ein Ticket mit Recht auf die erste Klasse, so angenehm bin ich noch nie in meinem Leben Bahn gefahren. Dann wurde ich von meiner Mutter vom Bahnhof abgeholt und fuhr das letzte Mal als Animateur nach Hause.

Die zehn Wochen auf Kreta gehören zu den schönsten meiner Anizeit, da sie mich nach Menorca wieder an den Job unter der Sonne haben glauben lassen.

Animation aus meiner Sicht

Abgesehen von Sport, Spiel und Bühne verlangt die Animation eine gewisse Ausdauer und Stehvermögen von einem ab. Zudem noch etwas Taktgefühl, Englisch oder Fremdsprachenkenntnisse und etwas Organisationstalent. Ohne das sollte man einfach auf jemanden hören, der es besitzt. Freundlichkeit und die Fähigkeit auch gegenüber einem „Nörgelfritzen" nett zu bleiben, sollten vor allen anderen Dingen vorhanden sein. Jeder der Geld, ob viel oder wenig, für seinen Jahresurlaub ausgibt, hat das Recht auf eine gute, professionelle Betreuung, wenn er es möchte. So auch unser Leitspruch: „jeder kann, keiner muss". Die Zeiten, zu denen der komplette Pool am Clubtanz teilnahm sind vorbei. Gäste wollen zwar unterhalten werden, dann aber nur von weiten und ohne aktiv mitwirken zu müssen. Selbst in meinen dreieinhalb Jahren nahm unser Veranstalter Abstand zu den sogenannten „Gästeshows", also Shows, bei denen Gäste mitmachen sollen. Diese Shows sind mit so vielen Rollen besetzt, dass sie ohne Urlauber gar nicht zustande kommen würden.
Auf dem Seminar wird einem beigebracht, dass es folgende Arten von Gästen gibt. Nörgler, Besserwisser, Schüchterne, Neugierige, Schleimer, Aufreißer und Kumpel. Es gibt auch Nörgler, die alles besser wissen oder Kumpel, die gut im Aufreißen sind. Aber das ginge ins Uferlose. Wer welche Eigenschaften aufweist, brauche ich nicht dazu zu sagen. Ich fand dieses Schubladendenken nie wirklich gut, da jeder Mensch unterschiedlich ist.

Noch etwas über die verschiedenen Animateure. Als Animateur ist man vor allem Dienstleister und zusammen mit dem Reiseleiter in der Gästebetreuung. Man ist Ansprechpartner für alle Dinge vom Wetter bis zu den Handtüchern. Man ist bester Freund und Konkurrent, Star und Lachnummer, One-Night-Stand und Sorgenmülleimer.

Jeder ist freundlich, hilfsbereit und steht's gepflegt. Er setzt beim Sprechen die Sonnenbrille ab und kaut keinen Kaugummi. Er verrichtet während der Dienstzeit keine privaten Sachen und hat keine Pause. Er trinkt nur verdünnt Alkohol und raucht nicht öffentlich. So oder so ähnlich sollte es zumindest sein.
Ich habe die Erfahrung gemacht, dass es die immer lachenden Anis gibt. Die verbreiten schon frühmorgens gute Stimmung, was einem schon manchmal auf den Keks gehen kann. Sie lachen über alles, was passiert und haben selten schlechte Laune. Vergessen darüber hinaus allerdings manchmal ihre Aufgaben.

Dann gibt es die Schauspieler, meist sind das Teamchefs, die immer auf gute Laune machen, sich etaigen Frust nicht anmerken lassen. Sie grinsen selbst den größten Idioten, der im Hotel rumläuft, mit einem Zahnpastalächeln an. Sobald sie allerdings alleine sind, meckern sie, und nichts ist in Ordnung.
Zum Schluss gibt es noch die Natürlichen, zu denen ich mich auch zähle. Sie sind wie sie sind. Stimmt was nicht, so regen sie sich zwar nicht auf aber sie spielen den Gästen auch nichts vor. Wenn man morgens kurz nach dem Aufstehen Tanzproben hat, hat man keine gute Laune, dann hat man aber Galgenhumor. Die Gäste verstehen auch, dass man mal einen Kater hat. Alles in allem sollte man aber dennoch freundlich bleiben. Genauso wichtig ist, dass man niemals anfängt. über das Wetter zu reden! Das zeugt von Desinteresse und Inkompetenz.

Nachwort

Jeder der es liebt zu reisen und/oder hin und wieder bei Aufführungen im Mittelpunkt zu stehen, der versteht, dass ich jedes Mal sehnsüchtig hinter über mich hinwegfliegende Flugzeugen herschaue. Jeder Zug, der den vor ihm liegenden Gleisen in die Ferne folgt, weckt Erinnerungen. Jedes Lied im Radio, das im Entferntestem mit unseren Shows zu tun hat, lässt mich leise mitsingen. Auch wenn es sehr unglaubwürdig klingt, so träume ich noch recht häufig davon, immer noch oder wieder, als Animateur tätig zu sein, was natürlich immer höchst kuriose und bizarre Träume sind, aber trotzdem verhält es sich so. Wenn ich es nicht regelmäßig auf meinen Fotos sähe, so würde ich es kaum glauben, all das hier Niedergeschriebene wirklich erlebt zu haben. Obwohl ich mittlerweile fast dieselbe Zeit wieder daheim zurück bin, wie ich sie im Ausland verbracht hatte, so bildet dies Zeit doch noch ein großer Bestandteil meines Lebens. Nicht zuletzt erinnert mich meine Freundin jeden Tag aufs Neue an die Zeit zwischen Morgenmeeting und Nachtproben.

Die meisten meiner Exkollegen gehen wieder ihrem gewohnten Alltag nach und sind so wie ich „nur noch“ Gäste. Ein paar sind in ihrem Einsatzland geblieben haben dort ihr Glück gefunden. Andere gingen zurück in die Animation, weil die echte Welt sie nicht haben wollte. Eins verbindet uns aber alle, egal ob nur eine oder sieben Saisongs, wir haben alle eine herrliche Zeit verbracht, deren Erinnerung uns keiner mehr nehmen kann!

Schöne Grüße, Michael Oschmann.

Danksagung

Für „Chrissi“, Tanja, Anke, Anita, Carmen, „Silvi“, Luisa, „Jassi“ Olaf, Susan, Bettina,
„Suri“, „Krassi“, Velina, Plamen, Lisa, Sahra, Cindi „Jenne“, „Jacky“, „Franzi“ Kim, Steve, Sabrina, Sonja, Kevin, Kristina, Susana, Saskia, ..Üvchen Gay“, „Steffi“, „Melly“ „Anka“, „Jenna“ 1 und 2, Thom, Sebastian, Christin, Tamas, Thön, Anne, Annemieke, Ninja, Martin, Roxana, „Alex“, „Coco“, Christian, Sebastian, „Matze“, „Vroni“, Veit, „Chris“, Ronny, Lars, Romy, Marion, Katrin, „Tennis Basti“, Flaminia, „Jen“, „Nane“ Antonia, Slim, „Toffi“, Simon, Nadine und „die Jule auch – Juljane Banane“.
Ganz besonders für meinen Neffen Tim, der auf die Welt kam als ich auf Lanzarote war und natürlich für meinen Schatz Berit, die ich in Portugal kennenlernte.

„Nach müde kommt blöd“ – Weisheit aus der Animation

Bücher – Gesamtprogramm –interconnections.de

AUPAIR

- **Abenteuer Au-Pair** – Europa, USA, Kanada, Australien, Neuseeland, Südafrika, Lateinamerika
- **Aus aller Welt – Aupairs berichten,** Tolle Erfahrungen, Chaos, Überstunden, rollige Gastväter
- **Aupair USA,** Kinder, Kultur, Abenteuer
- **Aupair-Ratgeber für Gastfamilien** – Tipps, Erfahrungsberichte
- **Das Au-Pair Handbuch: Europa und Übersee** – Aupairs, Gastfamilien, Agenturen
- **Aus aller Welt – Aupairs berichten,** Tolle Erfahrungen, Chaos, Überstunden, rollige Gastväter

FREIWILLIGENDIENSTE

- **Freiwilligenarbeit in Afrika - Vorbereitung, Selbstorganisation, Abenteuer,** Unter Wildtieren in Südafrika, Namibia und Simbabwe
- **Freiwilligendienst in Gambia** – Engagement in einer fremden Welt
- **Freiwilligendienst in Peking** – Ein Soziales Jahr in China
- **Internationale Freiwilligendienste** – Lernen und Helfen im Ausland, FSJ und FÖJ, Weltwärts, Kulturweit …
- **Sri Lanka - Freiwilligendienst in Südasien,** Engagement für Elefantenwaisen und Meeresschildkröten
- **Weltwärts nach Tansania,** Ein Jahr als Freiwillige in Afrika

REISE

- **Abenteuer Afrika** – Europa bis Kapstadt – Drei Overlander, zwei Autos, ein Kontinent und viel Verrücktes. Eine Afrikadurchquerung
- **Australien – Buschgeschichten,** Mythen, Land und Menschen. Eindrücke, Stimmungen und Hintergründe – Impressionen aus Australien.
- **Auswandern nach Peru** – ein Kaffeehaus, alltägliches Chaos und viel Liebenswertes
- **Briefe aus Südamerika,** Indianerherzen, Wandelnde Bäume und rotlackierte Möpse
- **Brodelndes Asien,** Zwischen Ahnenkult und Apple-Unser
- **Elternzeit in Thailand,** Elefanten, Schnuller, Tempel und Warum-Fragen
- **Fit für Spanien,** Alltagsfrust und Lebenslust

- **Griechenland neu entdeckt,** Landschaften, Menschen, Begegnungen
- **Kilimandscharo - Aufs weiße Dach Afrikas,** Gespensterbäume, Zuckerbüsche in Tansania, ein Halt auf Sansibar
- **Lust auf Frankreich** – Leben, Urlaub, Arbeit, Freizeit, Der große Frankreichratgeber
- **Mit Dutt und Highheels** - Abenteuer Stewardess
- **Nachrichten aus Griechenland,** Bakschisch, böser Blick, berockte Mönche, Hotel Mama und ein feudelschwingender Taucher
- **Papua Neuguinea – Leben im Regenwald,** Todeszauber, Busencheck, beheizte Klaviere und eine christliche Ohrfeige
- **Preiswert durch Europa** – Der Interrailreiseführer
- **Spanien – Reisen mit Kindern,** Ratgeber für Familien – Erholung, Spaß, Tipps und 1000 Adressen
- **Südsee-Traum Samoa,** Reise zwischen Tradition und Moderne
- **Unbekanntes Vietnam.** Hondas, Hühner, Heiligtümer, Wasserpuppen und Nudelsuppen, ca. 120. Beobachtungen und Schilderungen von einer typischen Pauschalreise
- **China tickt anders** – Jahre einer intensiven Begegnung
- **Schweden Hautnah**, Eine Familie wandert aus
- **Spanien, wie wir es lieben** -Kastilien und Estremadura – Städte und Landschaften
- **USA – Auswanderung auf Zeit** – Skurriles, Amüsantes und Liebenswertes aus unserer Zeit mit den Eingeborenen

JOBS, PRAKTIKA, STUDIUM

- **Abi und dann weg** – Freiwilligendienst, Working Holiday, Praktikum, Reisen
- **Als Animateur ins Ausland** – Gästebetreuung Weltweit, Bewerbung, Ausbildung, Tipps und Adressen
- **Animation – Traumjob oder Vagabundentum?** – Morgenmeeting, Nachtproben und glühende Kurven
- **Das Auslandsbuch** – Arbeit, Austausch, Studium, Lernen, Reisen, Job- & Bildungsprogramme
- **Deutsche Firmen in Australien,** Unternehmensverzeichnis zu Jobmöglichkeiten & Geschäftsanbahnung
- **Farm Helpers in New Zealand** – Farmjobs in Neuseeland
- **Ferienjobs und Praktika – Großbritannien,** Mit Homestay, Sprachkursen, Colleges, Aupair
- **Ferienjobs, Praktika, Austausch – Europa und Übersee** – Abenteuer Ausland, Tausende von Job- und Bildungsmöglichkeiten

- **Ferienjobs, Praktika, Austausch – Frankreich,** Leben, arbeiten, reisen, Französisch lernen, Aupair, Gastschuljahr
- **Highschool USA & Kanada** mit alternativen Austauschprogrammen, Ratgeber für Eltern und Schüler zu einem gelungenen Schuljahr in Nordamerika
- **Jobben für Natur und Umwelt – Europa und Übersee**
- **Jobben Weltweit** – Arbeiten, Helfen, Lernen, Auslandserfahrung, Austausch, Begegnung, Sprachenlernen
- **Jobhopping Down Under** – Jobs, Praktika, Working Holiday – Australien
- **Jobs und Praktika, Studium und Sprachschulen – Italien**
- **Leben & Arbeiten in Spanien** – Jobs, Praktika, Austausch, Spanisch lernen, Alltag und Menschen
- **Praktika Australien,** Bewerben, Unternehmen, Adressen
- **Praktika – EU-Einrichtungen und internationale Institutionen,** Voraussetzungen, Bewerbung, Adressen, Chancen
- **Studieren ohne Geld** – ein Wegweiser durch den Förderprogramm- und Stipendiendschungel
- **The Australian Wwoof Book** – Jobs auf Ökofarmen
- **Traumland Australien** – Auswandern leicht gemacht
- **Working Holiday Kanada** – Jobs, Praktika, Austausch, Land, Menschen, Sprachen lernen
- **Working Holiday Neuseeland** – Jobs, Praktika, Austausch, Lernen, Land & Menschen

BELLETRISTIK

- **Amerikanischer Traum und Realität,** Holzfäller, Hausierer und Reporter 1887
- **Das Herz Saigons,** Vietnams mystische Gans, ein Hippie, Sex und Gier
- **Sex, Mord und Halluzinationen** – Traum und Alptraum eines Aussteigers in Venezuela

Alle Titel unter

www.interconnections.de, > Shop bzw. im Buchhandel

Abenteuer ferne Länder

Papua Neuguinea – Leben im Regenwald

"Mein Großvater pflegte noch Menschenfleisch zu essen, und mein Sohn fliegt jetzt eine F 28, so ist das Leben" - Zitat eines Einheimischen.

Ausgefallene Lebensgeschichte aus einem fernen Land von ganz unterschiedlicher Kultur.
Die Autorin begleitete ihren Mann mehrere Jahre bei seinem Einsatz auf einer Missionsstation im Urwald in den Siebziger Jahren. Sie ist jung, neugierig, hat bis dahin noch wenig erlebt und taucht nun in eine ganz neue Welt ein.

ISBN 978-3-86040-138-5, 216 S, € 15,90
Bezug: interconnections.de, > Shop, > Reise oder im Buchhandel

---

Alle Titel unter

www.interconnections.de, > Shop bzw. im Buchhandel

Weitere Titel zu Jobs, Praktika, Freiwilligendiensten, Aupair ...